YOBEL
ヨベル新書
089

神はあなたの真の願いに答える

ルカの福音書説教集1

岩本遠億［著］

JN078586

YOBEL,Inc.

装幀：ロゴスデザイン・長尾　優
和紙ちぎり絵：森住ゆき

神はあなたの真の願いに答える

――ルカの福音書説教集　1

目次

私は　あなたのなさったことを思い巡らし
あなたのみわざを　静かに考えます。
神よ　あなたの道は聖《せい》です。

詩篇 第77篇12～13節

神はあなたの真の願いに答える（第1章5〜23節、57〜80節）

私たちはこれからルカの福音書に記録されていることをとおして、イエス・キリストを学び、イエス・キリストの実体に触れたいと願い、この福音書を読もうとしています。それに際して私たちが知らなければならないのは、イエス・キリストは何の前触れもなくこの地にやって来られたのではなく、その道備えをした人々がいたということ、そしてそれらの人々にも聖霊の導きと満たし、神による人生への直接の介入があったということです。聖書は次のように記録しています。

ユダヤの王ヘロデの時代に、アビヤの組の者でザカリヤという名の祭司がいた。彼の妻はアロンの子孫で、名をエリサベツといった。二人とも神の前に正しい人で、主のすべての命令と掟《おきて》を落度なく行っていた。しかし、彼らには子がいなかった。エリサベツが不妊だったからである。また、二人ともすでに年をとっていた。

さてザカリヤは、自分の組が当番で、神の前で祭司の務めをしていたとき、祭司職の慣習によってくじを引いたところ、主の神殿に入って香をたくことになった。彼が香をたく間、外では大勢の民がみな祈っていた。すると、主の使いが彼に現れて、香の祭壇の右に立った。これを見たザカリヤは取り乱し、恐怖に襲われた。御使いは彼に言った。「恐れることはありません、ザカリヤ。あなたの願いが聞き入れられたのです。あなたの妻エリサベツは、あなたに男の子を産みます。その名をヨハネとつけなさい。その子はあなたにとって、あふれるばかりの喜びとなり、多くの人もその誕生を喜びます。その子は主の御前に大いなる者となるからです。彼はぶどう酒や強い酒を決して飲まず、まだ母の胎にいるときから聖霊に満たされ、イスラエルの子らの多くを、彼らの神である主に立ち返らせます。彼はエリヤの霊と力で、主に先立って歩みます。父たちの心を子どもたちに向けさせ、不従順な者たちを義人の思いに立ち返らせて、主のために、整えられた民を用意します。」

ザカリヤは御使いに言った。「私はそのようなことを、何によって知ることができるでしょうか。この私は年寄りですし、妻ももう年をとっています。」御使いは彼に答えた。「この私は神の前に立つガブリエルです。あなたに話をし、この良い知らせを伝えるために遣わされたのです。見なさい。これらのことが起こる日まで、あなたは口がきけなくなり、話せなくなります。その時が来れば実現する私のことばを、あなたが信じなかったからです。」（1：5〜20）

時は今から約二千年前のヘロデ王の時代です。ヘロデは、ユダヤ人ではなく、イドマヤ人で、軍事的、政治的、外交的に優れた能力によってローマ皇帝に認められ、ユダヤ王の称号を与えられたローマ帝国の傀儡《かいらい》でありました。巨石を用いた巨大建築物の建造にも秀でた才能を発揮し、今でもヘロデが作った多くの遺跡が残っています。彼は多くの妻と多くの子どもを持っていたため、宮廷内の権力闘争、中傷合戦は後を絶ちませんでした。そして、宮廷内の陰謀をコントロールできず、猜疑心に満たされ、恐怖政治を行うようになります。ついには疑心暗鬼の塊になって妻や子たちまで殺害するなど、狂気の殺戮者となっていったのがヘロデ王でありました。

場所は、当時のエルサレム神殿ですが、これはこのヘロデ王が建設したものです。ユダヤ人でもない、恐怖政治を行った殺戮者が立てた神殿の中でさえ、神はご自分の業《わざ》を自由に行われるということを、私たちは心に覚えておいたらよいと思います。

この神殿の中で祭司ザカリヤが香を焚く務めをしていた時に、神の御使いガブリエルを見たというところから話が始まります。

当時イスラエルには約二万人の祭司がいたと言われますが、全員モーセの兄アロンの子孫です。祭司は、24の組（氏族）によって構成され、集団でユダヤ、ガリラヤ各地に居住していました。1組に約700名から千人の祭司がいたようです。各々の祭司の組は、年に2回一週間ずつ交代でエルサレム神殿での務めをするのですが、ザカリヤが属していたアビヤ組は、四月中旬から五月中旬の中の一週間と十月中旬から十一月中旬の中の一週間が務めの期間でした。

務めには聖所外の務めと聖所内の務めがありました。この中で最も名誉あるものが聖所内の務めで、午前と午後全焼のささげものがささげ終わる時、香を焚くというものです。午前と午後に一人ずつ、一日に二人。務めは年に14日ですから、年に28名がこの務めを行う名誉に与るわけですが、それは年功序列ではなく、神の御心が最も反映されるとされたくじで決められていました。仮に、ある組に千名の祭司がいたとすると、36年に1回、一生に一度あるかないかの機会です。（一度この務めをした人は再びくじを引くことはできなかった。）

この時、ザカリヤにこのくじが当たりました。ザカリヤは祭司で、初代祭司アロンの子孫で、妻エリサベツも祭司の家系であったと言います。妻は祭司の家系である必要はなかったので、言わば、ザカリヤ夫妻は最も正統的な祭司の家であったと言えるでしょう。ところが聖書は次のように記しています。

二人とも神の前に正しい人で、主のすべての命令と掟を落度なく行っていた。しかし、彼らには子がいなかった。エリサベツが不妊だったからである。また、二人ともすでに年をとっていた。（1：6〜7）

祭司の家に跡取りの息子が生まれないということは一大事であり、それはザカリヤにとってもエリサベツにとっても大きな苦しみ、恥辱でありました。息子に祭司職を継がせ、モーセ以来の律法を後世に伝えることが重大な役目であったからです。

ヘブライ学博士の手島佑郎《ゆうろう》氏は、毎月発行しておられる『トーラーの門』という個人誌の中で、これまでに知遇を得た祭司の子孫たちの中に、紀元前千年のダビデ王の時代まで家系を遡ることができる人がいたと述べておられます。これは、驚くべきことです。バビロニア帝国によるエルサレム滅亡とバビロン捕囚、そしてローマ帝国によるエルサレム滅亡と一九〇〇年間にわたる民族の離散の中で祭司の家系を守り続け、来るべき神殿再建に備えているというのです。ですから、ザカリヤとエリサベツにとって、跡取りの息子が生まれない、家系が断絶するということは、最大の苦しみでありました。しかし、二人は主の御前に全身全霊で仕えていたと言います。

そんな時、神殿の中で香を焚く務めがザカリヤに当たりました。

彼が香をたく間、外では大勢の民がみな祈っていた。すると、主の使いが彼に現れて、香の祭壇の右に立った。これを見たザカリヤは取り乱し、恐怖に襲われた。御使いは彼に言った。「恐れることはありません、ザカリヤ。あなたの願いが聞き入れられたのです。」（1：10〜13）

御使いガブリエルが現れて、ザカリヤに「あなたの願いが聞き入れられた」と言ったといいます。しかし、ザカリヤが思っていた「私の願い」とガブリエルが言う「あなたの願い」は同じものだったのでしょうか？

ザカリヤの願いは、祭司の継承者である男の子が与えられること、アロン以来の祭司の血統を守ることでした。しかし、ガブリエルは言います。

「その子は主の御前に大いなる者となるからです。彼はぶどう酒や強い酒を決して飲まず、まだ母の胎にいるときから聖霊に満たされ、イスラエルの子らの多くを、彼らの神である主に立ち返らせます。彼はエリヤの霊と力で、主に先立って歩みます。父たちの心を子どもたちに向けさせ、不従順な者たちを義人の思いに立ち返らせて、主のために、整えられた民を用意します。」（1：15〜17）

メシア到来の道備えをする、最大の預言者となると言うのです。そして、生まれてきた息子ヨハネは、洗礼者となり、祭司とはならなかった。結婚もせず、子も残さなかった。祭司の家系を継がせるというザカリヤとエリサベツの望みは絶たれたのです。

しかし、ガブリエルは「あなたの願いは聞き入れられた」と宣言している。これによって私たちは、私たちが抱く表面的な願いと、真の願い、真の我が切に求める願いが違っているかもしれないということに気づくのです。

ザカリヤの真の願いは何であったのか？　それは、祭司の家系を子々孫々に継がせることだったのか？　神の民が悪魔の支配から解放されること、すなわち、神の民の贖《あがな》いが彼の真の願いだったのではないのか？　神は、跡継ぎの子どもが欲しいというザカリヤの表面的な願いの奥に隠れた真の願いを知っておられ、これに答えられたのです。メシア、救い主がやって来られる。これから生まれる自分の子どもがそのことのための道備えとして用いられる。預言者エリヤの霊を受け継ぎ、その働きを行う者となる。

ザカリヤは、ガブリエルの言葉に驚愕《きょうがく》して質問します。「何によってそれを知ることができるでしょうか」（1：18）。これは、老人の私たちに子どもが生まれることを何によって知ることができるかという質問ではありません。子どもが生まれるかどうかは、数か月以内に分かります。

ザカリヤの真意は次のようなものであったはずです。「私も妻もすでに老人だ。その子がその働きをするようになるまで生きてはいない。私は何によってそれを知ることができるのか？」この問いにザカリヤの真の願いが現れています。すなわち、その働きを見ることが私の真の願いであると。彼は、ガブリエルの言葉を聞いた時に、自分の真の願いを知るのです。

御使いは彼に答えた。「この私は神の前に立つガブリエルです。あなたに話をし、この良い知らせを伝えるために遣わされたのです。見なさい。これらのことが起こる日まで、あなたは口がきけなくなり、話せなくなります。その時が来れば実現する私のことばを、あなたが信じなかったからです。」（1：19～20）

これは罰ではありません。大学でこの話をすると、学生たちはすぐに「ほら、バチが当たった。神は信じない者に罰を与えるんですよね」と言います。しかし、これは罰ではないのです。明確な約束の印《しるし》が与えられたのです。62節を見ると、「幼子にどういう名をつけるつもりか、身振りで父親に尋ねた」とありますので、ザカリヤは話せないだけではなく、耳も聞こえなくなっていたことが分かります。聞くことも話すこともできない10か月間、これはザカリヤにとって内的変化の時、信仰の突破の時となりました。

ザカリヤは祭司でしたが、祭司はサドカイ派と言われています。当時のユダヤ教には、サドカイ派、パリサイ派という2つの宗派があったことが知られています。そのうち、パリサイ派は、「律法」（創世記、出エジプト記、レビ記、民数記、申命記＝モーセ五書）と「預言者」（ヨシュア記、士師記、サムエル記、列王記、イザヤ書、エレミヤ書、エゼキエル書、12の小預言書）を正典としていましたが、サドカイ派は「律法」だけを正典としていました。しかし、御使いガブリエルの言葉、「彼はエリヤの霊と力で、主に先立って歩みます。父たちの心を子どもたちに向けさせ、不従順な者たちを義人の思いに立ち返らせて、主のために、整えられた民を用意します」という言葉は、「預言者」を前提に語られたものです。預言者エリヤは「律法」ではなく、「預言者」の中の「列王記」に登場する人物です。また、「父たちの心を子どもたちに向けさせ、不従順な者たちを義人の思いに立ち返らせ」というのは小預言者の「マラキ書」の言葉を引用したものです。

祭司でありながら、他の学派について学び、パリサイ派に転向した歴史家ヨセフスのような人もいたので、祭司の中にも「預言者」に造詣が深かった人たちはいました。ザカリヤもその一人だったかもしれません。

しかし、ガブリエルが「預言者」の言葉を用いて神の啓示を伝えたということは、ザカリヤが祭司という自己の壁を突き破って、大きく変わっていかなければならないということを意味するものだったのです。彼は、人の声が聞こえず、人と話すこともできない中で、「預言者」の書の中の出来事と神からの預言に深く思いを巡らせ、メシアがこの時代にやってこられることの意味、そして、その先駆けとして自分の子どもがなすべき働きについてのさらなる啓示を求め、神の声を聞こうと必死で耳を傾け、また神に語りかけながら過ごしたに違いありません。男の子が生まれ、その子に「ヨハネ」という名をつけた時、彼はものを言うことができるようになりますが、聖書は、「父親のザカリヤは聖霊に満たされて預言した」（67節）と述べています。

「ほむべきかな、イスラエルの神、主。主はその御民を顧みて、贖いをなし、救いの角を私たちのために、しもベダビデの家に立てられた。……この救いは、私たちの敵からの、私たちを憎むすべての者の手からの救いである。主は私たちの父祖たちにあわれみを施し、ご自分の聖なる契約を覚えておられた。私たちの父アブラハムに誓われた誓いを。主は私たちを敵の手から救い出し、恐れなく主に仕えるようにしてくださる。私たちのすべての日々において、主の御前で、敬虔に、正しく。幼子よ、あなたこそいと高き方の預言者と呼ばれる。主の御前を先立って行き、その道を備え、罪の赦しによる救いについて、神の民に、知識を与えるからである。これは私たちの神の深いあわれみによる。そのあわれみにより、曙の光が、いと高き所から私たちに訪れ、暗闇と死の

陰に住んでいた者たちを照らし、私たちの足を平和の道に導く。」（1：68～79）

彼は、「罪の赦しによる救いについて、神の民に知識を与える」と預言しています。これは、まさにヨハネが宣べ伝えることになる罪の赦しを得させる洗礼の働きです。そしてそれが、主の通る道を備えることになる。人の声が聞こえず、人と話すことができないこの10か月間、ザカリヤは神との対話の中で祭司の殻を打ち破り、自らが預言者として育てられる変革を体験することになるのです。そして、それが生まれてきた息子を祭司としてではなく、預言者として育て上げることに繋がっていきます。

息子が生まれた時、ザカリヤは息子に「ヨハネ」（「恵み」の意）という名をつけましたが、これは祭司の家系では異例のことでした。生まれてきた子には、父の名、あるいは祖父の名を継がせるのが伝統だったからです。物心つくと、ヨハネはザカリヤに聞いたに違いありません。

「ねえ、お父さん。どうして僕《ぼく》はお父さんの名前やお爺さんの名前をもらわなかったの？僕の友達はみんなそうなのに、僕だけ違う。なぜ？」

「ヨハネ。お父さんが神殿で香を焚く働きが与えられた時のことじゃ。御使いガブリエルが現れて、生まれてくる子どもに『ヨハネ』という名をつけよと言ったんじゃ。」

「ヨハネって何をする人なの？」

「御使いはこう言った。『その子は、エリヤの霊と力で、主に先立って歩みます。父たちの心を子どもたちに向けさせ、不従順な者たちを義人の思いに立ち返らせて、主のために、整えられた民を用意します』と。」

「エリヤって誰？　何をした人？」

「エリヤっていうのはな、……。」

ヨハネは、自分の名が周囲の子どもたちと違っていることから、自分の生涯に特別な道が与えられるのではないかという意識をもって育ったはずです。そして、父ザカリヤもそのようにヨハネを祭司としてではなく、メシアの道備えをする預言者として育てていくのです。

私の名は「遠億」（エノク）と言いますが、やはり小さい時から自分の名が周囲の子どもたちと違うことを意識しながら育ちました。この名は原始福音運動の創始者の手島郁郎《いくろう》先生が付けてくれたものですが、誕生日ごとに、手島先生が書いてくれた命名書を父が読んで祈ってくれました。

「この児は天人系の始祖エノクの霊統を受け継ぐ魂である。365年太陽の如く長寿を保ちて後、天に移されしエノクは、永遠不死の象徴である。名は実の賓である。天地遠億の秘儀に与るべき者の名である。祈らくは、神の恵福この子と共に永遠にあらんことを！」

私は、この遠億という名に込められた意味を、小さい時から問い続けました。創世記のエノクの霊統を受け継ぐとは一体どういうことか？　天地遠億の秘儀とは何か？　それに与るとはどういうことか？　これは私の生涯を導く言葉となったのです。しかし、それは、私が物心つく時から父が毎年誕生日に手島先生が書いてくれた命名書を読んで、祈ってくれたことによって実現したことでした。

この小さな者ですら、霊的指導者によって与えられた名の意味を問い続け、その生涯に神の導きを求め続けてきたのです。神の御使いによって名付けられ、イエス・キリストの先駆けとなり、イエス・キリストが「最大の預言者」「女が産んだ者の中で最大の者」と絶賛なさった洗礼者ヨハネは、なおさらです。メシアの到来の道備えをする者としての意識を小さい時から育みながら成長したはずです。青年期に入ったヨハネは、祭司の家を離れます。死海のほとり、クムランでメシアを待ち望む禁欲的活動していたエッセネ派に参加したのち、彼らと訣別したとする議論もありますが、それが事実かどうかは分かりません。

いずれにせよ、自らキリストを迎える道備えをする運動、神に立ち帰るための洗礼運動を展開するようになり、その影響は広く地中海、ギリシャ世界にまで及びます。ザカリヤがそのように育てたからです。ザカリヤの真の願いは実現したのです。

私たちは、長く願ってきたことが実現しないということを経験することがあります。神は、この願いを聞いておられないのかと思うこともあるでしょう。しかし、表面的な願いと、この中に隠れている真の願いは違うかもしれない。神の臨在に触れられる時に、自分の中に隠れている真の願い、この実存の願い、神の子としての願いを知るのです。それは、表面的に願ってきたことと対立するかもしれません。しかし、神様は、私たちに私たちの真の願いを知らせ、私たちを聖霊に満たし、その実現のために私たちが自ら進んでいくように導かれるのです。この真の願いの実現が私たちの真の喜びとなる。この真の願いを実現することによって、私たちを神の子として輝かせ、神の歴史を動かし、この地に神の国を造られるお方がいるのです。

私たちは、この望みとともに救われたのです。目に見える望みは望みではありません。目で見ているものを、だれが望むでしょうか。私たちはまだ見ていないものを望んでいるのですから、忍耐して待ち望みます。同じように御霊も、弱い私たちを助けてくださいます。私たちは、何をどう祈ったらよいか分からないのですが、御霊ご自身が、ことばにならないうめきをもって、とりなしてくださるのです。人間の心を探る方は、御霊の思いが何であるかを知っておられます。なぜなら、御霊は神のみこころにしたがって、聖徒たちのためにとりなしてくださるからです。神を愛する人たち、すなわち、神のご計画にしたがって召された人たちのためには、すべてのことがともに働いて益となることを、私たちは知っています。（ローマ８：24〜28）

祈りましょう。

※当時のイスラエルの時代背景について主に以下の書を参考にした。D・フルッサル、G・ショーレム他著、手島勲矢訳編『ユダヤ人から見たキリスト教』山本書店、１９８６年。S・サフライ著、有馬七郎訳『イエス時代の背景――ユダヤ文献から見たルカ福音書』ミルトス、１９９２年。

メシアを育てる――この人のために生きよ（第2章1～9節）

新約聖書にはイエス・キリストの伝記である四つの福音書が含まれていますが、イエス様の誕生とそれを取りまく社会状況について記しているのは、マタイの福音書とルカの福音書の二つです。これらの福音書が語るイエス様の誕生物語を聞いて、何か神秘のベールに包まれた、自分とは遠い世界のファンタジーのようなイメージを持たれる方も多いかもしれません。ですが、これらに書かれている時代背景、および聖書以外の歴史資料、さらに、近年の考古学上の発見などを総合的に見ていくと、イエス様の誕生の時、その前後に何が起こったのかがリアルに浮かび上がってきます。そして、それがリアルな出来事であったからこそ、今現実の問題の中に生きる私たちに光を照らし、生きる指針と希望を与えるものとなるのです。

イエス様誕生の様子とその時代背景がルカの福音書の第2章の最初に語られます。

そのころ、全世界の住民登録をせよという勅令が、皇帝アウグストゥスから出た。これは、キリニウスがシリアの総督であったときの、最初の住民登録であった。人々はみな登録のために、それぞれ自分の町に帰って行った。ヨセフも、ダビデの家に属し、その血筋であったので、ガリラヤの町ナザレから、ユダヤのベツレヘムというダビデの町へ上って行った。身重になっていた、いいなづけの妻マリアとともに登録するためであった。ところが、彼らがそこにいる間に、マリアは月が満ちて、男子の初子を産んだ。そして、その子を布にくるんで飼葉桶に寝かせた。宿屋には彼らのいる場所がなかったからである。（2：1～7）。

「そのころ、全世界の住民登録をせよという勅令が皇帝アウグストゥスから出た」とあります。この皇帝からの命令によって「人々はみな登録のためにそれぞれ自分の町に帰って行った」のですが、ヨセフはマリアを連れてナザレからベツレヘムに行き、そこでマリアがイエス様を産むと話が続きます。この住民登録のため、マリアは大変な状況でイエス様を出産しなければならなかったわけですが、当時の住民登録についての歴史資料や、御使いがヨセフに告げた、聖霊によるマリアのイエス様懐妊とイエス様が成し遂げる業を繋ぎ合わせると、住民登録というイスラエルの民にとっての苦しみの時を逆手にとって、神がご自身のご意思を遂行なさった時だったということが分かってきます。

ローマ時代には、二種類の住民登録がありました。一つはローマ市民を対象にするもので、軍役に就くことができる者を把握するための住民登録でした。当然のことながら、ユダヤ人はこの住民登録の対象ではありません。二つ目の住民登録は、非支配民を対象とするもので、その財産状況を把握して接収することを目的としたものでした。このことについては、ヨセフスの『ユダヤ古代誌』という歴史書に書かれています。この住民登録は、支配者であるローマ帝国が神の民イスラエルを奴隷として扱うのと等しいことであったと言います。神がイスラエルの民に約束なさった土地と財産をローマ帝国が勝手に使うために登録させるというものであったからです。そのためユダヤ人の中に強い反発が起こり、反乱がいくつも勃発しますが、次々と鎮圧され、最終的には紀元70年のエルサレム陥落によって幕を閉じることになります。

ここで言われている人口調査は、総督キリニウスによるユダヤ人の財産調査のための住民登録だったのですが、そのような中でイエス・キリストは生まれました。

当時の住民登録は、今の日本の国勢調査のようなものではありません。今の日本の国勢調査は、5年ごとの10月1日の日本国内の人と世帯を調査するというものです。しかし、ローマ帝国における住民登録は数年間をかけて行なわれるものでしたので、ヨセフとマリアも何月何日にベツレヘムにいなければならないというものではなく、しかも、先に述べたとおり、住民登録に反抗する人たちもいたので、イスラエル中のすべての人が決まった日に移動するというものでもありませんでした。つまり、ヨセフは、自分が決めた時にナザレからマリアを連れ出すことができたのです。

マリアの懐妊をヨセフが知った時のことは、マタイの福音書に記されています。

イエス・キリストの誕生は次のようであった。母マリアはヨセフと婚約していたが、二人がまだ一緒にならないうちに、聖霊によって身ごもっていることが分かった。夫のヨセフは正しい人で、マリアをさらし者にしたくなかったので、ひそかに離縁しようと思った。彼がこのことを思い巡らしていたところ、見よ、主の使いが夢に現れて言った。「ダビデの子ヨセフよ、恐れずにマリアをあなたの妻として迎えなさい。その胎に宿っている子は聖霊によるのです。マリアは男の子を産みます。その名をイエスとつけなさ

い。この方がご自分の民をその罪からお救いになるのです。」（マタイ1：18～21）

ヨセフは、正しい人、すなわち義人であったと言います。律法が禁じる罪を犯さず、正しく生きていました。マリアが妊娠したと分かった時、姦淫《かんいん》の罪を疑いましたが、彼女を赦し、彼女が公衆の面前で裁かれないように、婚約そのものをなかったことにして彼女を去らせようとしたのでした。ところが、夢に主の使いが現れ、驚愕の事実を告げられます。「その胎に宿っている子は聖霊によるものだ。マリアは男の子を産む。その名をイエスとつけよ。この方がご自分の民をその罪からお救いになる」と。

当時のユダヤにおいて「救い」とは外敵からの救い、偶像崇拝者による支配からの救いを意味しており、イスラエルの民が罪から救われなければならないとは考えられていませんでした。アブラハムの子孫は、偶像崇拝者になったり、神を冒瀆《ぼうとく》したり、罪人の仲間にならない限り、基本的に救われていると考えられていたからです。しかし、ヨセフは、御使いからこのように告げられ、自分を含めたイスラエルの民が罪の中にあることを理解します。律法に従い、正しく生きてきた自分も罪から救われなければならないということを知るのです。そして、神が自分に委ねてくださる幼子が、神の民をその罪から救う者になることを。

当時のイスラエルでは、メシアと言えば、イスラエルをローマ帝国の支配から解放する政治的、軍事的メシアを意味していました。しかし、ヨセフは御使いの言葉によって、真のメシアは政治的、軍事的メシアでないことを知らされ、聖霊によって生まれてくる子どもが神の民を罪から救う者となるという絶大な目的ために、自分の全存在をかけてこの子を守り、育てていくのです。つまり、ローマの支配に抵抗するか否かはどうでもよいことであり、この目的の実現のために何をすべきか、どうすべきかを入念に計画し、それを実行していくことになるのです。

イスラエルにとっては屈辱的な住民登録の命令が出されている時、ヨセフはむしろこれを好機と捉え、行動を起こします。マリアは、御使いガブリエルからメシア懐妊の知らせを受けた後すぐに、親類のエリサベツを訪れ、そこに3か月間滞在してから、ナザレに帰ってきました。その時はまだお腹が大きくなり始める前で、マリアが妊娠していることに周囲は気づいていません。ヨセフは、住民登録のためにベツレヘムに戻るとの口実を付けて、すぐにマリアをナザレから連れ出します。マリア懐妊の秘密を誰にも知られないようにするためです。

ヨセフは、父祖ダビデの出身地ベツレヘムに移り住み、マリアと共にそこで誰かの家に間借り、あるいは居候をさせてもらうことになります。ひょっとしたら親戚がいたのかもしれません。ヨセフはマリアを妻としてベツレヘムに連れて行くことができたので、そこでは誰もマリアの妊娠を不思議がる人はいません。イエス様出生の秘密はこのようにして守られたのです。さらに、ヨセフは大工としての知識と技術を持っていたので、近くのエルサレムで仕事を得ることは十分可能でした。

彼らがベツレヘムに移り住んで数か月後にイエス様が生まれることになります。ルカの福音書は次のように述べています。「ところが、彼らがそこにいる間に、マリアは月が満ちて、男子の初子を産んだ。そして、その子を布にくるんで飼葉桶に寝かせた。宿屋には彼らのいる場所がなかったからである。」（2：6〜7）

ここで「宿屋」と訳されている言葉は、「客間」という意味でもあります。つまり、間借り、あるいは居候をさせてもらっているので「客間には彼らがいる場所がなかった」のです。現在、ベツレヘムの聖誕教会の中には、マリアがイエス様を産んだとされる洞窟がありますが、当時のベツレヘムの家の多くは、洞窟を利用したものだったと推定されます。そのような中でイエス様は生まれたのです。

ヨセフとマリアは、他人の家に間借り、あるいは居候をしながら生活していたので、不自由を感じてはいたでしょう。またイエス様が生まれた場所は、子どもを産む環境として理想的ではなかったと思います。しかし、イエス様出生の秘密を守るためには、これが最善の方法であったと考えられるのです。

先ほども申しましたとおり、この人口調査は、ローマ帝国がユダヤ人の財産の接収を目的としたものでしたから、ユダヤ人にとっては屈辱的なものでした。ヨセフがベツレヘムで住民登録するということは、父祖伝来の土地をローマ帝国に自ら差し出すに等しいことです。しかし、それでも彼には守り抜かなければならないものがありました。神の民をその罪から救うメシアを産むマリアをナザレの人々から守ること、そしてその出生の秘密を人の目から隠し、イエス様を守ることです。ローマ帝国による住民登録は、イスラエルにとっては耐え難い屈辱でした。しかし、ヨセフはマリアとイエス様を守るために、これを利用したのです。

この後しばらくして、ヨセフは夢で御使いから警告を受けます。「立って幼子とその母を連れてエジプトへ逃げなさい。そして、私が知らせるまで、そこにいなさい。ヘロデがこの幼子を捜し出して殺そうとしています」（マタイ2：13）。ヨセフは、イエス様と母マリアを連れてエジプトに避難しますが、ヘロデ大王が死んだのち、再び主の使いが夢に現れてイスラエルの地に戻るように命じられます。ヨセフは、一旦ユダヤに戻ることも考えたようですが、ナザレに住むことになります。次のように記されています。

ヘロデが死ぬと、見よ、主の使いが夢で、エジプトにいるヨセフに現れて言った。「立って幼子とその母を連れてイスラエルの地に行きなさい。幼子のいのちを狙っていた者たちは死にました。」そこで、ヨセフは立って幼子とその母を連れてイスラエルの地に入った。しかし、アルケラオが父ヘロデに代わってユダヤを治めていると聞いたので、そこに行くのを恐れた。さらに、夢で警告を受けたので、ガリラヤ地方に退いた。そして、ナザレという町に行って住んだ。（マタイ2：19〜23）

アルケラオというのは、ヘロデ大王の息子で、その死後ユダヤの国主に封ぜられますが、あまりにも残忍な政治を行ったため、ローマ皇帝によって廃位され、ガリアに流されました。ヨセフは、アルケラオから幼子イエス様を守るためにガリラヤに退きましたが、再びナザレに住むことにしました。しかし、それはナザレに仕事があったからです。

半円形劇場跡

ナザレの北数キロのところにツィポリ（セッフォリス）という場所があります。１９９０年から始まった大規模発掘調査によって、ここにローマ式都市が存在したことが明らかにされました。ツィポリは、ヘロデ大王の死後、ガリラヤの国主に分封されたヘロデ・アンティパスが建設したガリラヤの州都で、行政府や四千五百人を収容する半円形劇場、大規模な住宅地を備えた大都市でした（写真参照）。その建設は紀元前４年に開始されたと言われますが、それは、丁度ヨセフが母マリアと幼子イエス様を連れてエジプトから帰ってきた頃でした。建設ラッシュの中で大工の需要は高く、ナザレに住んでいれば、いつでもそこに仕事がある。そのような中でヨセフはナザレに住むことを決めるのです。

このツィポリは、建設が進むに従って異教色が強まり、次第に偶像のモザイクが施されるようになっていくのですが、ヨセフはローマ帝国の支配がありありと感じられるこの町の建設のために働き、その場に少年のイエス様を連れて行っていたと考えられています。ヨセフ自身、異教徒の町を建設する仕事に就いていても、それで自分やイエスがけがされることはないと考える、自由な考えを持つ人だったのだと思われます。

元々ガリラヤは律法解釈に関してユダヤよりも自由な気風があったと言われますが、マタイの記述から、ヨセフ自身はユダヤの出身だったと考えられます。しかし、ヨセフは御使いから「その子は神の民を罪から救う」と告げられて以降、思索を深め、罪とけがれについて、表面的理解から、深い理解に至ったと思われます。そのためツィポ

ツィポリ　高級住宅地跡。道路にはモザイクが施されている。

りで働くことを躊躇せず、平気でイエス様をそこに連れて行くことができたのでした。しかし、だからこそ、イエス様は、罪人と呼ばれる人たちと深く交わることを喜び、異邦人である百人隊長の家を躊躇なく訪れようと考える人へと成長したのです（「自己分裂の中から」131頁以下参照）。

ヨセフの生き方は一見、支配者、圧政者であるローマ帝国に迎合するような生き方にも見えます。確かに、支配者の前に身を低くし、抵抗しない姿勢を示しています。打倒ローマを叫ぶ勇ましい生き方ではありませんでした。しかし、それはローマ支持でもなかったのです。ある意味でローマは眼中になかった。ただ、「神の民をその罪から救うメシア」を育て上げるためだけに、生き抜いた人だったのです。そのためにベツレヘム移住を選択し、その後、ナザレ定住を選択しました。神から与えられた大きな目的を実現するために、他のことを思い切って相対化したのがヨセフだったのです。そして、それはイエス様の人格形成に大きな影響を与えました。罪の贖いという絶大な目的のために、すべてを捨てて十字架に向かわれたイエス様のお姿の中に、それを見ることができます。

私たちは、自分を取り巻く状況の変化に右往左往します。人生の道を選択しなければならない時に迷います。人の目、世間の評判が気になります。そんな時、私たちがまず第一に知らなければならないことは、自分自身が何のために存在しているのかを知ることです。神様が「この人のために生きよ」「この人たちのために生きよ」と教えてくださることを知ることです。私たちは、このように命じられる時、それ以外のことを思い切って相対化することができます。もちろん、人から批判されることはあります。しかし、神様が「この人のために、この人たちのために生きよ」と命じてくださるとき、私たちは決して揺らぐことのない人生の道を歩き始めるのです。

注意しなければなりませんが、これは主義や主張、教えや思想、あるいは○○教や△△教会、さらには□□宣教のために生きるということではありません。あくまでも特定の個人のために生きるのです。主義や主張、教えや思想、宗教や教会のためと言うとき、変質が始まります。そこに個人の切り捨てが起こるからです。ヨセフは、「ご自分の民を罪から救う幼子とその母のために生きよ」と命じられました。神様は、私たちに「この人のために生きよ」「この人、この人、この人のために生きよ」とお命じくださるはずです。復活なさったイエス様は、ペテロにお命じになりました。「わたしの羊たちを養え」と。「わたしの思想を伝えよ」とか「わたしの教えを伝えよ」とはおっしゃらなかった。絶対的に大切にしなければならないのは特定の人以外には存在しないからです。それ以外のものはすべて相対的なものです。しかし、神様が与えてくださった特定の人、神様が出会わせてくださった特定の人のために生きようとするとき、私たちは何が絶対的に大切で、他が相対的なものであるかを知り、この絶対的に大切な人のために生きる誤りのない道を歩むことができるのです。

あなたが守られなければならない人は誰か。あなたがあなたの存在を賭けて大切にしなければならない人は誰か。神様は必ず教えてくださいます。

祈りましょう。

神はこの命を愛してくださっている（第4章1〜4節）

マタイ、マルコ、ルカの福音書はどれも、イエス様が伝道を始める前に悪魔の誘惑、試みに遭われたと述べています。悪魔からの誘惑、試みを受け、それに勝利なさったという出来事が非常に重要なことであったということが分かります。福音書を読み進めていくと、悪魔に対する十字架の勝利が、この伝道を始める前の悪魔に対する勝利から繋がっている、一本の太い線だということがわかるのです。今日はイエス様がお受けになった最初の試みを学びますが、以下のように記されています。

さて、イエスは聖霊に満ちてヨルダンから帰られた。そして御霊によって荒野に導かれ、四十日間、悪魔の試みを受けられた。その間イエスは何も食べず、その期間が終わると空腹を覚えられた。そこで、悪魔はイエスに言った。「あなたが神の子なら、この石に、パンになるように命じなさい。」イエスは悪魔に答えられた。「『人はパンだけで生きるのではない』と書いてある。」（4：1～4）

皆さんは「誘惑」という言葉を聞くと、どのようなものを思い浮かべるでしょうか。私は、大学で学生たちと聖書を読むことがあるのですが、「誘惑」という言葉を聞いて、学生たちがまず思い浮かべるのは、次のようなことです。試験勉強をしなければならない時に、友達から遊びに行こうという連絡が来る。ダイエット中なのに目の前にケーキがある。これらは、自分が元々駄目だと思っていることについて、「ちょっとぐらい、いいんじゃない？　明日からまた頑張ればいいよ」という声が自分の意志を挫くというものです。自分がやってはいけないと思っていることについて、「誰も見てないから」と囁《ささや》きの声が聞こえるというのも同じようなことでしょう。しかし、このような「誘惑」という言葉の理解のままイエス様が悪魔から受けられた誘惑を読むと、その内容を大きく誤解することに繋がりますので、注意が必要です。悪魔の誘惑は、イエス様自身が悪いと思うことではなかったという点がまず大きく異なります。私たちが感じる誘惑は、私たち自身が悪いと思っていることについて、自分の基準を緩くしてもよいのではないかという声です。一方、イエス様が受けた誘惑は、ある意味で正しい、「そのとおりだ」と思わせることだったのです。

また、これと関連して誤解されがちなことについても押さえておきたいと思います。私はクリスチャン家庭に育ったので、若い時からずっと「聖霊に満たされていたら、誘惑など感じないはずだ」と考えていました。だから、誘惑を感じなくなるまで、必死で祈らなければならないと。皆さんの中にも同様に考えている方がいらっしゃるのではないでしょうか。別の言い方をすれば、修行が足りないから誘惑を感じるのだと。しかしこれは、自分が悪いと思っている方向に誘われるのが誘惑であるという誤解に基づく誤解なのです。

聖書は次のように言っています。

さて、イエスは聖霊に満ちてヨルダンから帰られた。そして御霊によって荒野に導かれ、四十日間、悪魔の試みを受けられた。（4：1～2）

イエス様は聖霊に満たされた後、言うならば、聖霊に満たされた状態で、悪魔の誘惑を受けられたのです。私たちが誘惑と思っていることと、イエス様が受けられた誘惑が根本的に異なっていたことが、このことからも分かります。

悪魔はイエス様に語りかけます。「あなたが神の子なら」と。この「なら」は「あなたが神の子である」ことを前提とした「なら」です。「あなたが神の子なら……、神の子でないなら……」という二者択一の「なら」ではなく、前提の「なら」です。「君、大学生なら、これぐらいのことはできてもいいんじゃないか」と言う場合、君が大学生だということは事実であり、前提です。ここも同様です。悪魔はイエス様が神の子であることを前提として語りかけているのです。

そこで、悪魔はイエスに言った。「あなたが神の子なら、この石に、パンになるように命じなさい。」（4：3）

なぜ悪魔はこのことを第一にイエス様に語りかけたと聖書は語るのか？　これはイエス様がここで命懸けの戦いをしていることを意味しています。イエス様は荒野で四十日間断食をして祈っておられた。「40」は聖書の中で完全数の一つですから、「四十日間」というのは象徴的な言葉です。完全な日数という意味です。荒野は水もパンもないところです。ここで断食したということは、命の危険と隣り合わせの状態だったということを意味します。

そんな時、「自分のいのちの必要を自分で満たせばよいではないか。神様に自分のいのちを預けなくてもよいのではないのか」という声が聞こえて来たということです。「あなたは力がある方です。自分のいのちを第一にし、それを自分で守るからこそ、神の国をこの地に作っていくことができるのではありませんか？」という声です。皆さんはどのように思われるでしょうか。いのちあっての物種。まずは体のいのちを大切にしなければ、神の国の働きもできないではないか。自分が健康だからこそ、弱っている人を助けられるのではないか。このように言われたら、「確かにそのとおり」と思うのではないでしょうか。先ほど、悪魔がイエス様を誘惑しに来た時、正しいと思われることを囁いたと言いましたが、これがまさにそれです。イエス様が「そうかもしれないな」と思うようなことを言ってきたということです。

しかし、ここで気を付けなければなりません。この悪魔の囁きは、もっともらしく聞こえますが、これは裏を返せば、神を中傷し、神の愛を否定する悪意に満ちた言葉であったのです。「神は、あなたのいのちにはほとんど興味がないんですよ。あなたのいのちが失われても、神は痛くも、かゆくもない。だから自分のいのちは自分で守らなければならない」という思いを吹き込み、神に対する信頼を失わせようとする意図があったのです。

それに対して、イエス様は「『人はパンだけで生きるのではない』と書いてある」とお答えになります。これはイエス様が愛読しておられた申命記8章3節の言葉の引用です。「人はパンだけで生きるのではなく、人は主（YHWH＝神の名）の御口から出るすべてのことばで生きる」と語られています。

これについても誤解が生じる可能性があるので正確にお伝えする必要があると思います。この申命記の箇所から、「体は飢えていても、神のことば（聖書のことば）によって霊が生かされるから、大丈夫なのだ」とか「体を生かすパンだけでなく、霊を生かす神のことば（聖書のことば）を聞かなければならない」と理解するなら、それは誤解です。このような誤解には、体と霊（魂）を別々のものと捉える霊肉二元論の考え方の影響があるようです。

霊肉二元論とは、古代ギリシャ世界にあった思想ですが、端的に言えば、肉の体は卑しいが、霊（魂）は尊い、両者は分離しているという思想です。この考え方を突き詰めると、どんなに体が罪を犯しても、霊（魂）は影響を受けないという罪肯定の思想となり、新約の時代にキリスト信仰を揺さぶるグノーシス思想として特に警戒されることになります。

パンによって生かされる体よりも、神の言葉によって生かされる霊（魂）のほうが優れていると考えるなら、それは霊肉二元論の考え方ということになります。しかし、聖書はそもそも霊肉二元論に立ちませんし、イエス様も霊肉二元論に立って悪魔に反論なさったのではありません。それは、この申命記の前後の箇所を読めば明らかです。

あなたの神、**主**がこの四十年の間、荒野であなたを歩ませられたすべての道を覚えていなければならない。それは、あなたを苦しめて、あなたを試し、あなたがその命令を守るかどうか、あなたの心のうちにあるものを知るためであった。それで主はあなたを苦しめ、飢えさせて、あなたも知らず、あなたの父祖たちも知らなかったマナを食べさせてくださった。それは、人はパンだけで生きるのではなく、人は**主**の御口から出るすべてのことば（直訳：すべてのもの）で生きるということを、あなたに分からせるためであった。この四十年の間、あなたの衣服はすり切れず、あなたの足は腫れなかった。

（申命記８：２〜４）

主の口から出るすべてのことばによって生きると言われていますが、神がことばによって天地を創造なさったという創世記のことばに立てば、ここで言われていることの意味は明らかです。神はそのことばによってすべてのものを創造なさった。「神は『光あれ』と言われた。すると光があった」（創世記1：3）。神は、今もことばによって創造の業を続けておられる（ヨハネ5：17参照）。神様は、イスラエルの民がエジプトを出てから、カナンの地に入るまで、安息日を除く毎日、マナという不思議な食べ物を与え、彼らを養われたと聖書は言います。つまり、マナは、神がことばによって作られ、あなた方に与えられた食物であった、それによってあなたがたは生きたと、この箇所は述べているのです。神様は、「お前たちはパンがなくて飢えていても、わたしが与えたことば（教え）によって霊《たましい》が養われるから大丈夫だ」とおっしゃるようなお方ではありません。

さらに、「主の御口から出るすべてのことば」と訳されているヘブライ語の原義は、「主の口から出るすべてのもの」という意味です。旧約聖書翻訳委員会訳（岩波書店）では、この訳を採用しています。神の口から出るすべてのものが人を生かす。創世記は人の創造を次のように記しています。「神である主は、その大地のちりで人を形造り、その鼻にいのちの息を吹き込まれた。それで人は生きるものとなった」（創世記2：7）。神のいのちの息によって人は生きるものとなった。神の口から出ることばだけではない、神のいのちの息が人を生きるものとする。イエス様は、この神のいのちの息がご自身のからだのいのちとなっていることを、この荒野の断食の中で体験しておられたのです。

イエス様は、復活なさって弟子たちにご自身を現された時、「聖霊を受けよ」とおっしゃり、息を弟子たちに吹きかけられました。これは、神が人にいのちの息を吹き込み、人を生きるものとなさったことと並行的です。聖霊は心だけに与えられるものではありません。この体にも吹き込まれ、いのちを満たし、これを生かし、輝かせるのです。イエス様を死者の中から甦らせたものは、まさに神の口から出るいのちの息でありました。そして、イエス様は、その同じいのちの息を弟子たちに、そして私たちに吹きかけ、生かし、輝かせようとしておられるのです。

ヘブライ語に「ネフェッシュ」という言葉があります。日本語聖書では「たましい」と訳されていますが、元々の意味は「動物の息」で、「体のいのち」を意味します。さらにそこから「たましい」をも含んだ人間存在全体のいのちを意味するものとして用いられています。ダビデは、「主は私のネフェッシュを生き返らせ、御名のゆえに私を義の道に導かれます」（詩篇23：3）と告白しました。これは「私の霊を生き返らせ」という意味ではありません。第一義的には「弱りきった私のこの体にいのちを注ぎ、この体のいのちを生き返らせてくださる。立たせてくださる」という意味です。神様は、霊と体を分離して、霊を祝福し、体を放っておかれる方ではない。この体にご自身のいのちを注がれる方だということをダビデは体験的に知り、それを告白しているのです。

神様は、私たちのこの体を愛してくださっている。私たちが自分の体を気にかけ、心配する以上に、神様がこの体を愛し、心にかけ、輝かせようとしてくださっている。このことを知るところに父なる神様に対する深い信頼があります。

イエス様はこの申命記のことばに立ち、悪魔の誘惑を退けられます。「神の口から出るすべてものが、この体の息（＝いのち）、この全存在を生かす。神はこの体のいのちを愛し、これが失われないよう守ってくださっている。わたしが、父なる神から離れて、自分のいのちを守ることはあり得ない。たとえこの体のいのちが尽きることがあっても、神は、この体を愛し続けてくださっている。神は、この体を見捨てられることはない。必ず甦らせてくださる。再び立たせてくださる。」これこそ、イエス様が十字架に向かわれる確信であり、復活の信仰です。イエス様は、この復活信仰によって伝道を始める前から悪魔の誘惑に勝利しておられたのです。

私たち一人ひとりのいのちは、何よりも大切なものです。決して失われてはならないものです。しかし、それよりも大切なものがあるとイエス様はおっしゃっているのです。それは、自分の創造者である天の父を知ることです。このお方が私たちのいのちを、わたしたちが大切にする以上に大切にしてくださっていることを知る。この体が死んでも、それをそのままにしないお方がいることを知る。甦らせてくださるお方がいる。

詩画集やカレンダーで有名な星野富弘《とみひろ》さんは、若い時、中学校の体育の教師をしていましたが、クラブ活動の指導中、跳び箱の模範演技を生徒たちに見せていた時のミスが原因で頸椎《けいつい》を損傷し、首から下が動かない障がいを負ってしまいました。その苦悩と絶望の中でキリストに出会うのですが、次のように言っておられます。「いのちが一番大切だと思っていた時、生きるのが苦しかった。いのちよりも大切なものがあることを知った時、生きるのが嬉しかった」と。

いのちよりも大切なもの、それは、私たちを創造なさった神様に出会うこと。このいのちを私たちが愛し、大切にする以上に、このいのちを愛し、大切にしておられる父なる神様、私たちを創造なさった神様を知ることです。それによってこそ、このいのちは最大限に輝き、その価値を発揮するのです。イエス様は言われました。

だれでもわたしについて来たいと思うなら、自分を捨て、自分の十字架を負って、わたしに従って来なさい。自分のいのちを救おうと思う者はそれを失い、わたしのためにいのちを失う者はそれを見出すのです。人は、たとえ全世界を手に入れても、自分のいのちを失ったら何の益があるでしょうか。そのいのちを買い戻すのに、人は何を差し出せばよいのでしょうか。（マタイ16：24～26）

「わたしのためにいのちを失う」とは、自分が握りしめているこのいのちを自分の手から放し、父なる神様に委ねる、お任せするという意味です。

自分で自分のいのちを握りしめていた時には、決して理解することができなかったこの言葉の意味が、分かるようになっていく。父なる神様が、このいのちを私以上に大切にしてくださっている。このお方にお任せしよう。そのほうが安心なのだ。そのほうが大丈夫なのだ。このお方の御手の中で、このいのちが輝いていく。世の光として用いられていくのです。

ですから、わたしはあなたがたに言います。何を食べようか何を飲もうかと、自分のいのちのことで心配したり、何を着ようかと、自分のからだのことで心配したりするのはやめなさい。いのちは食べ物以上のもの、からだは着る物以上のものではありませんか。空の鳥を見なさい。種蒔きもせず、刈り入れもせず、倉に納めることもしません。それでも、あなたがたの天の父は養っていてくださいます。あなたがたはその鳥よりも、ずっと価値があるではありませんか。あなたがたのうちだれが、心配したからといって、少しでも自分のいのちを延ばすことができるでしょうか。なぜ着る物のことで心配するのですか。野の花がどうして育つのか、よく考えなさい。働きもせず、紡ぎもしません。しかし、わたしはあなたがたに言います。栄華を極めたソロモンでさえ、この花の一つほどにも装っていませんでした。今日あっても明日は炉に投げ込まれる野の草さえ、神はこのように装ってくださるのなら、あなたがたには、もっと良くしてくださらないでしょうか。信仰の薄い人たちよ。ですから、何を食べようか、何を飲もうか、何を着ようかと言って、心配しなくてよいのです。これらのものはすべて、異邦人が切に求めているものです。あなたがたにこれらのものすべてが必要であることは、あなたがたの天の父が知っておられます。まず神の国と神の義を求めなさい。そうすれば、これらのものはすべて、それに加えて与えられます。（マタイ6：25〜33）

祈りましょう。

真の権威はここに立つ（第4章5〜8節）

先週からイエス様が伝道を始める前に受けた悪魔の誘惑について学んでいます。先週も申し上げましたが、私たちが誘惑という言葉で思い浮かべることとイエス様が悪魔から受けた誘惑は質的に異なっているということを理解しておく必要があります。イエス様が受けられた誘惑は、イエス様ご自身が「確かにそうかもしれない。そのほうがよいかもしれない」と思うようなことであったということです。

すると悪魔はイエスを高いところに連れて行き、一瞬のうちに世界のすべての国々を見せて、こう言った。「このような、国々の権力と栄光をすべてあなたにあげよう。それは私に任されていて、だれでも私が望む人にあげるのだから。だから、もしあなたが私の前にひれ伏すなら、すべてがあなたのものとなる。」イエスは悪魔に答えられた。『あなた

の神である主を礼拝しなさい。主にのみ仕えなさい』と書いてある。」(4：5〜8)

その悪魔の二つ目の誘惑は、「あなたが私の前にひれ伏すなら、世界帝国の帝王にしてあげる。全世界があなたのものになる」というものでした。このようなことは、凡人である私たちには現実的なイメージが湧かないので、イエス様にとってなぜこれが「確かにそうかもしれない」と思わせるものであったのか理解できず、何かファンタジーの一場面を見ているかのような感覚を持つのではないでしょうか。これを現実的なこととして理解する鍵は「悪魔にひれ伏す」とは何かを知ることです。

皆さんは、悪魔についてどのようなイメージを持っていますか。あるいは、どのような格好をしていると思いますか。多くの人は、悪魔と聞くと、バイキンマンの親玉のような形をしたものを思い浮かべるのではないでしょうか。頭に角が生えていて、手にはフォークのような形をした巨大な剣を持ち、情け容赦なく人を殺す。このようなイメージを持っていると、イエス様が受けた誘惑を次のようにファンタジー的に解釈してしまうのです。このバイキンマンの親玉のような悪魔の前に物理的にひれ伏したら、自動的に世界の王となれると。

しかし、このような悪魔のイメージは、中世ヨーロッパにおける悪魔理解の歪曲化と俗化によって出来上がったもので、形を持たない霊的な存在である悪魔に対する誤解を与えるものです。ですから、悪魔の前にひれ伏すというのも、あくまでも象徴的なことであるということを理解しておかなければなりません。

ここで悪魔がイエス様に提案していることは、「あなたがメシアになるために、私が協力してあげますよ」ということです。当時、イスラエルでメシアと言うと、それは政治的、軍事的メシアを意味していました。悪魔の囁きは以下のような内容です。「今ローマ帝国の中で『神の子』と言えば、ローマ皇帝を指しますよね。でも、ローマ皇帝が神の子でないことは、あなたはよくご存知のはずです。あなたこそ真の神の子、ローマ皇帝を遥かに凌ぐ方です。あなたは、ローマ皇帝が支配する世が悪の世であることをよく知っていらっしゃいます。イスラエルを支配、搾取するローマ帝国を打ち破ってイスラエル王国を再興し、あなたが王となればよい。皆がそれを望んでいることは、あなたもご存知のはずです。あなたこそ、世界の王になるべきお方です。あなたが世界の王になるからこそ愛と義による神の国が実現できるのではありませんか。あなたが王になれるよう、あなたに必要な権力や軍事力は私が用意します。」

「一歩譲って、あなたが王になりたいと思っていなくても、神の国をこの世にもたらすためにはお金は必要ですよね。権力も必要です。貧しい者たちも、そのような神の国を望んでいるのではありませんか。あなたは神の国の運動を世の権力と金の力を使って進めればよいではありませんか。あなたの理想とする神の国を作るために必要な金と権力は、わたしの手の中にあるのです。私があなたを助けますよ。私と協力して神の国を作りましょう。」

悪魔にひれ伏すとは、悪魔からの協力の申し出を受けるということです。しかし、これこそ、イエス様を自分の支配下に置こうとする悪魔の策略だったのです。

イエス様は悪魔に答えられます。「『あなたの神である主を礼拝しなさい。主にのみ仕えなさい』と書いてある」（4：8）と。これは、申命記の「あなたの神、**主**を恐れ、主に仕えなさい。主にすがり、御名によって誓いなさい」（申命記10：20）という言葉の引用です。

イエス様は、パリサイ派の中でも敬虔派（ハシディーム）の律法学者の一人だったと考えられていますが、この敬虔派は、私有財産を一切持たず、最も貧しいものとして生活していたと言います。イエス様が、資金提供を申し出てきた悪魔の誘いを退けたということは、最も貧しい者として神の国をこの地に確立するとの強いご意志の表明だったのです。

なお一言申し添えますが、イエス様を育てた養父ヨセフの家は貧しくはありませんでした。ヨセフの家はナザレにありましたが、当時ナザレから数キロの地点にガリラヤの州都ツィポリが建設中で、ヨセフもそこで大工として働いており、少年イエスもヨセフと共にツィポリで汗を流していたと考えられるとする研究もあります。ヨセフの家はユダヤ人としては中流で、また大工は尊敬される職業だったようです。

ですから、イエス様は生まれつき貧しかったのではなく、自らすべての財産を捨て、その中でただ神の口から出るすべてのもので生きる道を選び取られたのです。そこにこそ、神の力は現され、真の神の国が建てられて行くと。

金の力で福音を伝えたらよいと誘う悪魔との対決姿勢は、イエス様の説教の中で明確に示されています。

自分のために、地上に宝を蓄えるのはやめなさい。そこでは虫やさびで傷物になり、盗人が壁に穴を開けて盗みます。自分のために、天に宝を蓄えなさい。そこでは虫やさびで傷物になることはなく、盗人が壁に穴を開けて盗むこともありません。あなたの宝のあるところ、そこにあなたの心もあるのです。からだの明かりは目（単数形：霊の目）です。ですから、あなたの目が健やかなら全身が明るくなりますが、目が悪ければ全身が暗くなります。ですから、もしあなたのうちにある光が闇なら、その闇はどれほどでしょうか。だれも二人の主人に仕えることはできません。一方を憎んで他方を愛することになるか、一方を重んじて他方を軽んじることになります。あなたがたは神と富とに仕えることはできません。（マタイ6：19～24）

イエス様は神と富の両方に仕えることはできないとおっしゃいましたが、富に仕えるとは悪魔に仕えることだからです。

「富」というと莫大な金を思い浮かべることが多く、金持ちだけの問題と思う方もいらっしゃるかもしれませんが、これは金持ちが陥る問題ということではありません。金を持っていない貧しい者でも金に依存する、金に仕えるということはあります。

私は、若い時、赤道直下のパプア・ニューギニアの奥地、狩猟採集の生活をしているアランブラック族の地に言語調査と伝道に行きました。大学生の時に、生まれ育ったキリスト教団体（原始福音・神の幕屋）の変質と混乱のために信仰を失い、病気に倒れ、絶望していた時、聖霊を注がれて立ち上がったのですが、その時「ダミエン神父がハワイのモロカイ島のハンセン病の方々のために命を捨てて神の愛を伝えたように、私も南の島に遣わしてくださいﾞ」と祈った祈りが実現したのです（詳しくは拙著『聖霊の上昇気流 —— 神は見捨てなかった』、ヨベル刊をご覧ください）。大学を出た後、国際基督教大学の博士課程に進学したのはよいものの、指導教授は退職して学位を取る道は閉ざされ、また、大学教師という就職の道も開かれないのに妻が妊娠して、この先どう生きていけばよいかと考えていた時、突然オーストラリア国立大学に留学する扉が開きました。そして、そこでニューギニア言語を専門とする教授と出会って、可愛がられ、ニューギニアに言語調査に行くことになりました。南の島に住む人々のところに伝道に行くよう、イエス様が導いてくださっていたのです。実際に準備を始めると、それを阻もうとする勢力による妨害にあったり、ニューギニアでは間一髪の危機に遭遇したりするのですが、それらからも不思議と守られ、神様が私をニューギニアに伝道に遣わしておられることを肌で感じていました。その導きは否定することのできないものでした。しかし、私は一回目のニューギニア訪問の時は、現地の人たちを愛することができず、まったく伝道することができなかったのです。

現地にはマラリアがあります。私は医者から処方されたマラリア予防・治療薬（クロロキン）を飲んでいましたが、毎週飲む数、発病した時に飲む数が決まっています。しかし、アランブラックの村の人たちもマラリアにかかり、中にはそれで死ぬ人もいます。そして、彼らは、マラリアにかかると私のところに薬を分けてくれと言いに来るのです。私が医者か医者でないかは関係ありません。彼らは、ウィクリフの聖書翻訳宣教師たちからもクロロキンをもらっていたので、私がクロロキンを持っていることを知っているのです。私は、自分に必要な分と、彼らに分けてやってもよい分を別にして、彼らがクロロキンを貰いに来たときには、そこから分けてやっていましたが、それはすぐになくなりました。そして、まだ自分の分は十分にあるのに、「もうなくなった」と嘘をついて彼らに与えることをストップしたのです。私は自分が偽善者であることを認めないわけにはいきませんでした。

そのころ、私は毎日のようにクロロキンの数を数えて生活していました。もともと薬瓶の中に入っている数と、これまでに飲んだ数、そして村人に与えた数は全部記録してあるので、数えなくても、何錠残っているかは分かっているのです。それでも毎日、それを数えずにはいられない気持ちに襲われました。また、オーストラリアから持って入《はい》った金も、いくら残っているかは全部記録しているので分かっているのに、毎日数えずにはいられませんでした。

私は、オーストラリア国立大学の研究助成を受けてニューギニアに言語調査に来ていましたが、資金はギリギリでした。貧しかったのです。それでも毎日お金を数え、毎日マラリアの薬を数えながら生活していました。私は神に仕えるのではなく、金に仕え、クロロキンに仕えている自分を否定することができませんでした。

そんな苦しい中、食糧や食用油を盗まれたり、梯子から転落して肋骨を3本折ったり、村人とのトラブルが生じて殺されるかもしれないというところをとおったりし、もう二度と来たくないと思いました。主が私を伝道のためにここに導いてきてくださったことは分かっていました。しかし、もう来たくないという思いが勝《まさ》りました。神と富（金）の両方に仕えることはできなかったのです。

私は、2回目は行かなくてもいいように作戦を練り、多方面へ働きかけました。オーストラリア国立大学の教授たちも最初は承諾してくれていたのですが、のちに2回目も行くべきとの決定を下しました。私は、私の主が私をニューギニアの地、アランブラックの地に再び引き戻そうとしておられることに抵抗することができなくなりました。

私は、博士論文の草稿を書きながら、7か月間祈り続けました。「私が持っているもので彼らが必要とするもののすべてを与えることができる者としてください。あなたが私を癒し、立ち上がらせてくださったように、あなたご自身が彼らを癒し、あなたが生きて働く神であることを顕してください。」私は、自分が持って入るクロロキンを自分の分と彼らの分を分けずに、同じ一つの瓶を共有すると決めました。妻は二人目の子どもを妊娠中でしたが、私の主は私を必ず家族の元に帰してくださるとの確信をもって現地に入ったのです。

私は村に入り、すぐに借りていた家に青年たちを招いて夜のバイブル・スタディを始めました。また、村の中にいる病気の人のところに祈りに行くことにしましたが、最初に祈りに行ったのは、死の病に冒され、ただ死ぬのを待っていたマーティンでした。

私はマーティンを見たとき、胸の内から熱いものが湧き上がり、抱きしめました。「マーティン。今から2000年前にイスラエルという国に、イエス・キリストという方が来られた。彼は神の子だった。多くの人を励まし、多くの人を癒し、素晴らしいことをたくさん行ったが、人々から誤解され、殺されてしまった。しかし、三日目に甦って今も生きている。マーティン。あなたがイエスの名を呼んだら、イエスは必ずあなたのところに来て、あなたを救う。さあ、イエスの名を呼ぼう。」マーティンは「ジーザス。ジーザス」とイエス様の名を呼び始めました。私が彼のために祈ると、彼は言います。「私は、自分をイエスに委ねた(差し出した)。イエスが私を救ってくれる」と。

彼はキリスト教の宣教師が大嫌いで、金目当てにキリスト教会に近づく男たちを軽蔑していました。一度も福音の言葉を聞いたことはなかったのです。しかし、この日マーティンはイエス様に出会いました。その二日後には自分の足で再び立ち上がり、家を取り巻いていた野次馬たちに向かって「イエスは生きている」と叫び、家族にも「イエスを信ぜよ」と語って止まない者となったのです。マーティンは、「イエスは生きている」と叫んでから5日後に天に召されましたが、それを契機として奇跡的な癒しが次々と行われるようになっていきました。

それだけではありません。バイブルスタディのメンバーの少年が、別の村にいる病人のために祈りにいき、その人が癒されるなど、彼らが互いのために祈り始め、イエス・キリストが今も生きて、彼らの祈りに応えてくださる神であることを体験的に知るようになっていったのです。メンバーの一人は献身して神学校で学んだのち、アランブラック地方の牧師となり、今は、キリスト教教育を行う高校のチャプレンとして若者たちに聖書を教えています。

金に仕える者、マラリアの薬に仕える者だった私を、神に仕える者へと救い取ってくださったお方がいました。このお方は、悪魔の誘惑に打ち勝ってくださったイエス・キリストです。金の力、この世の権力によって神の国をこの地に造ればよいではないかと誘ってきた悪魔に勝利してくださったイエス・キリストの業は今も続けられているのです。

さて、ペトロとヨハネは、午後三時の祈りの時間に神殿に上って行った。すると、生まれつき足の不自由な男が運ばれて来た。神殿の境内に入る人に施しを乞うため、毎日「美しい門」と呼ばれる神殿の門のところに置いてもらっていたのである。彼はペトロとヨハネが境内に入ろうとするのを見て、施しを乞《こ》うた。ペトロはヨハネと一緒に彼をじっと見て、「私たちを見なさい」と言った。その男が、何かもらえるのかと期待して二人に注目していると、ペトロは言った。「私には銀や金はないが、持っているものをあげよう。ナザレの人イエス・キリストの名によって立ち上がり、歩きなさい。」そして、右手を取って立ち上がらせた。すると、たちまち、その男は足やくるぶしがしっかりして、躍り上がって立ち、歩きだした。そして、歩き回ったり躍ったりして神を賛美し、二人と一緒に境内に入って行った。（使徒3：1〜8　聖書協会共同訳）

「そして、このイエスの名が、その名を冠した信仰のゆえに、あなたがたの見て知っているこの人を強くしました。その名による信仰が、あなたがた一同の前でこの人を完全に癒やしたのです。」（使徒3：16　聖書協会共同訳）

「私には銀や金はないが、持っているものをあげよう。ナザレの人イエス・キリストの名によって立ち上がり、歩きなさい」との権威は、「伝道に、金やこの世の権威を用いたらよい」と誘惑してきた悪魔に対するイエス・キリストの勝利によってのみ、与えられるのです。金の力、この世の権威では絶対に為すことができない神の業を私たちに行わせてくださるイエス・キリストの御名の権威、これを私たち一人ひとりに与えようとしておられるお方がいます。私たちもイエス・キリストの御名の権威を体験する者でありますように。

祈りましょう。

「私は特別」の落とし穴（第4章9～13節）

イエス様が伝道を始められる前に、サタンから試みを受けられたということについて、詳しく学んでいます。これを学べば学ぶほど、伝道を始める前からイエス様の十字架の戦いは始まっていたのだ、ということが鮮明になってきます。サタンは、この荒野の誘惑の時からイエス様が十字架にかかろうとしていることは、分かっていました。ですから、何とかそれを食い止めようと、あの手この手を使って、イエス様を十字架から引き離そうとしている。それがこの三つの誘惑なのだということが分かります。

また、悪魔はイエスをエルサレムに連れていき、神殿の屋根の端に立たせて、こう言った。「あなたが神の子なら、ここから下に身を投げなさい。『神は、あなたのために御使いたちに命じてあなたを守られる。彼らは、その両手にあなたを乗せ、あなたの足が石に打ち当たらないようにする』と書いてあるから。」するとイエスは答えられた。「『あなたの神である主を試みてはならない』と言われている。」悪魔は、あらゆる試みを終えると、しばらくの間イエスから離れた。（4：9～13）

今日のタイトルを「『私は特別』の落とし穴」といたしましたが、皆さん、「あなたは特別」と言われるとき、どのように思いますか。嬉しいのではないかと思います。このように言われること自体はまったく悪くありません。キリスト教会の結婚式では、伴侶となる人を決して裏切らないと神の前に誓います。これはその人が他の人とはまったく異なった存在である、自分にとって特別である、ということを明言しているのです。「あなたは私にとって特別」と言えなければ、結婚そのものが成立しません。

イエス様ご自身も、伝道を始める前、ヨハネからバプテスマを受けられた時、神様から「あなたはわたしの愛する子、わたしはあなたを喜ぶ」と言われました。これは、神様から「お前は特別だ」と言われたということです。これがイエス様の力でした。しかし、神様から「お前は特別だ」と言っていただくということと、神様に向かって「神様、私はあなたにとって特別ですよね」と言うこととはまったく違う。ここには文字通り天地の差があるということを私たちは知らなければなりません。そのことを今日はご一緒に学んでいきたいと思います。

悪魔の誘惑の意図、その目的は何だったのか。それは先程も言いましたように、イエス様に罪の贖いを行わせないようにする、これが悪魔の目的でした。この観点から、この誘惑の箇所を見ていくと、分かりやすいのではないかと思います。

悪魔は、幻のうちにイエス様をエルサレム神殿の一番高いところに連れて行って、言います。「あなたが神の子なら、ここから下に身を投げなさい。『神は、あなたのために御使いたちに命じてあなたを守られる。彼らは、その両手にあなたを乗せ、あなたの足が石に打ち当たらないようにする』と書いてあるから」と。「あなたは神の子なんだから、飛び降りてみたらどうですか」と言ったのです。

これは幻の中の出来事ですから、象徴的、比喩的に理解しなければなりません。その内容は、次のようなものです。「イエスさん、あなたは神様から特別に愛されている神の子ですよね。じゃあ、特別に愛されているということを試してみたらどうですか。」「試してうまくいったら、あなた、本当に神の子としての働きがうまくいくんじゃないですかね。」このように言ってきたわけです。サタンの誘惑と言いますが、これはイエス様が神に特別に愛されていることを確かめさせようとするものだったということを意味しているのです。

愛を確かめようとする言動は、人間関係の中でもよく見られることです。しかし、皆さんどうでしょうか。AさんがBさんに、「Bさん、愛しているよ。君は僕にとって特別だ」と言ったとします。しばらく経ったとき、BさんがAさんに「Aさん、この前、私のこと愛しているって言ったよね。私はあなたにとって特別だと言ったよね」と言ったら、Aさんはどう思うでしょうか。その言葉を聞いた途端に、Aさんは背筋が凍る思いをするのではないでしょうか。「まずい人に『愛している。君は僕にとって特別だ』と言ってしまった」と後悔するのではないでしょうか。BさんがAさんを愛していないことは、誰にでも分かると思います。愛は確かめられたときに死ぬのです。信じられるときに生きるものが愛だからです。

神様が私たちに向かって、「わたしの目には、あなたは高価で尊い。わたしはあなたを愛している」（イザヤ書43：4）と言ってくださる。その時、私たちは、「神様、とんでもないことです」という思いと共に「ありがとうございます」と感謝の思いでいっぱいになります。それでピリオド。それがすべてです。それを逆手に取って、「神様、この前あなたは、『わたしの目にはあなたは高価で尊い』と言いましたよね。『わたしはあなたを愛している』って言いましたよね」と言ったら、そこには、もう神様に対する尊敬も愛も感謝も何もありません。愛は死ぬのです。サタンは愛を死なせるために、こういう誘惑をしてくるのです。

私たちに対しても、サタンはいつも囁《ささや》きます。「あなたが苦しみの時に助け出してくれるのが、神の愛ではないのですか。神があなたを愛しているかどうか、愛を試したらいいではありませんか。そうしたら真実が分かりますよ。」『神様、私のことを愛しているんですよね』って言ってみたらよい」と言うのがサタンの誘惑なのです。

これはイエス様にとっては、十字架の死を回避させようとする悪魔の誘惑でありました。「あなたが神の子なら、神は奇跡的な力をもって、あなたを十字架の苦しみの中から助け出すはずですよ。あなたを十字架の苦しみの中に放っておくなど、愛の神がすることでしょうか」と。

さらに、「あなたは特別なのだから」という囁きには、サタンのもう一つの意図がありました。それは、イエス様に自分を高めさせようとする誘惑です。ここではエルサレム神殿の一番高いところから飛び降りたらよい、とサタンは囁いたとあります。『神は、あなたのために御使いたちに命じてあなたを守られる。彼らは、その両手にあなたを乗せ、あなたの足が石に打ち当たらないようにする』と書いてあるから」と。これは「空中浮遊して ゆっくり地上に降りてきたら、皆があなたを神の子と認めますよ」という意味です。先ほども言いましたが、これは象徴的な意味、比喩的な意味で語られているので、これを文字通り受け取ると理解を誤ります。サタンがこれで意味しているのは次のようなことです。「あなたは神の子、メシアなのだから、イスラエルの人たちに、自分が神の子だということを分からせるために奇跡的な業《わざ》を行えばよいのではありませんか。」

確かにイエス様は、奇跡的な業を数多く行われましたが、その目的は何だったのでしょうか。自分が神の子であることを誇示するためだったのでしょうか。それとも、病に苦しみ、悪霊に苦しめられている一人ひとりが元気になり、いのちに溢れるためだったのでしょうか。ある意味、このような問いを発するのは愚かに見えるかもしれません。病気に苦しみ、悪霊に苦しむものたちを救うためにイエス様が奇跡的な業を行われたに決まっているからです。しかし、この差は紙一重の差であり、悪魔はそこを突いてくるのです。

祈りによって病気を癒す賜物が与えられたり、そのような奇跡的な働きを与えられたことがある者には、このことはよく分かるはずです。自分の祈りによって癒しが行われた。それを多くの人に知ってもらいたい。自分の祈りによってさらに多くの人が癒されるなら、神の国はさらにこの世に広がっていくはずだ。自分が癒しの賜物を与えられている伝道者として認知されることによって神の国がさらに広がっていく。このように認知されることに喜びを感じるのは、人間の心情としては自然なことだからです。

確かに、結果としてそのように認知されたり、感謝されるということはありますが、それと、そうされるために癒しの祈りや悪霊放逐をするということには、文字通り天地の差があります。しかし、その誘惑は常に付きまとうのです。

イエス様は、その伝道の生涯の中で、一度も、自分は神の子だとおっしゃったことはありませんでした。ペテロが「あなたこそ、生ける神の子キリストです」と告白した時にも、「人の子が死者の中から甦る時まで、このことを誰にも言ってはならぬ」と、固く口どめをされました。また、悪霊どもが「あなたこそ神の子です」と叫んだ時にも「黙れ」と言って、彼らがそのことを口にすることをお許しにならなかった。イエス様は、自分が神の子キリストであるということを人がわかるようにするために力ある業をなさったことは、一度もなかったのです。

イエス様は、パリサイ人たちからご自分が神の子であることの証明として天からのしるしを求められたことがありますが、「そのようなしるしは絶対に与えられない」と明言なさいました。イエス様の業、それは苦しむもの、悪霊に苦しめられる者たち、病に苦しむ者たち、そして差別され、賤しめられている人たちを助け、彼らを癒すためだけに使われたのです。

また、イエス様は自分のためにその言葉を用いることは一度もなさらなかった。イエス様の言葉に権威があったのは、それを決してご自分のために用いず、痛み、苦しんでいる人たちのためだけに使われたからです。もちろん、自分の偽善に気づいていないユダヤ教指導者たちと言葉を戦わせることはありましたが、それも自分を高めるためではなく、神の真実を明らかにするためだったのです。

私たちは、どうでしょうか。自分の言葉を誰のために使っているでしょうか。自分を認めてもらうため、自己正当化するため、状況を自分に有利になるように動かすために、自分の言葉を使うことはないでしょうか。サタンは、私たちに自分を高めさせようとするのです。「ねえ、私、凄いでしょう？　素晴らしいでしょう？」と言わせようとする。そういう思いを吹き込む。それが悪魔の誘惑であるのです。

イエス様はそれをよくご存じでした。自分を高めるということは、十字架の死を回避するということであるからです。十字架に付けられたイエス様に向かって、民の長老たち、律法学者たちは言いました。「今すぐ、十字架から降りてきてもらおう。自分を神の子と言っていたのだから。降りてきたら、信じよう」と。しかし、願いさえすれば、十二軍団よりも多くの御使いを呼び寄せることができたイエス様が、最後、この誘惑を退けられた。神の力を決して自分のために求めないからこそ、悪魔に対する勝利、十字架の贖いが完成されるからです。

イエス様はこのように、「神様、わたしは特別ですよね」と言わせよう、思わせようとする悪魔の誘惑を退けて、十字架の死によって悪魔に勝利なさったのですが、私たちはこれをどのように自分自身に適用していけばよいのでしょうか。言うまでもなく、十字架によって悪魔を打ち倒し、罪の贖いを成し遂げられたのはイエス様だけの戦いであって、私たちが参与できるようなものではありません。では、このことから私たちが学ぶことは何か？

キリスト信仰における最も重要な徳性は「謙遜」であると言われます。「謙遜」とは自らを低くすることで、今日申し上げてきた言葉を使えば、「私は特別だ」と思ったり、言ったりしないこと、自分のために自分を使わないということです。しかし、これは一歩間違えば、「私なんか大したことない」と自己卑下することが謙遜であるとの誤解につながります。

新約聖書で「謙遜」と訳されているギリシャ語の言葉が「自己卑下」（新改訳２０１７）、

「偽りの謙遜」（共同訳）と訳されている箇所があります。このことから、自己卑下は偽りの謙遜であり、キリスト信仰の徳性としての謙遜ではないということが分かります。

自己卑下や御使い礼拝を喜んでいる者が、あなたがたを断罪することがあってはなりません。彼らは自分が見た幻に拠り頼み、肉の思いによっていたずらに思い上がって、かしらにしっかり結びつくことをしません。このかしらがもとになって、からだ全体は節々と筋によって支えられ、つなぎ合わされ、神に育てられて成長していくのです。もしあなたがたがキリストとともに死んで、この世のもろもろの霊から離れたのなら、どうして、まだこの世に生きているかのように、「つかむな、味わうな、さわるな」といった定めに縛られるのですか。これらはすべて、使ったら消滅するものについての定めで、人間の戒めや教えによるものです。これらの定めは、人間の好き勝手な礼拝、自己卑下、肉体の苦行のゆえに知恵のあることのように見えますが、何の価値もなく、肉を満足させるだけです。（コロサイ2：18〜23）

私たちは真の謙遜と偽りの謙遜との違いを聖書の原則から知る必要があると思います。

偽りの謙遜は、肉のほしいままなる欲望に対して、何の力も持たないと聖書は言っています。

では、「真の謙遜」「偽りの謙遜」とは何でしょうか？　高い能力を持っていても、「大したことありません」ということが謙遜でしょうか。「能ある鷹は爪を隠す」と言いますが、自分の持っている高い能力を人から見えないようにするのが謙遜でしょうか。もしそれが「真の謙遜」なら、謙遜とは偽りを述べること、他者を欺くことでしかありません。

30年ほど前になりますが、天皇陛下ご成婚の折、陛下の幼少期の映像がテレビで紹介されました。その時、江藤俊哉というバイオリニストが幼稚園児の陛下にバイオリンを教えている様子が映し出されました。

江藤氏は、当時バイオリニストとして日本の第一人者と言われた人です。この人が、「私のバイオリンなど大したことありません」と言ったら、それは偽りです。それこそ、後に天皇になる方に対して大変失礼なことです。しかし、この人が、幼い陛下の前で腰を低くして教えているのです。自分の能力を最大限に用い、また、それに磨きをかけて、自分よりも身分の高い人に仕える姿を江藤氏に見ることができました。

このことから「真の謙遜」とは何かを知ることができます。自分が神の僕であることを公言しつつ、自分の持つ能力に磨きをかけ、それを最大限に活かして隣人に仕えることです。どんなに高い能力を身に付けても、それが自分を高めることにはならない謙遜、自らは腰を低くして隣人を生かす謙遜、そして、それによって神の御名だけが誉め称えられる謙遜。これが「真の謙遜」です。

イエス様は、聖霊に満たされ、その能力のすべてを用いて、病に苦しむ者たち、悪霊に苦しめられている者たちを癒し、救っていかれました。しかし、それは、ご自分が神の子であることの証明であるとはお考えにならなかったのです。私たちは、このイエス様の謙遜に連なる者でありたい。この謙遜に生きられたイエス様と一つでありたい。悪魔を撃退なさったイエス様の謙遜が私たちを悪魔から守ってくださいます。

キリストは、神の御姿であられるのに、神としてのあり方を捨てられないとは考えず、ご自分を空しくして、しもべの姿をとり、人間と同じようになられました。人としての姿をもって現れ、自らを低くして、死にまで、それも十字架の死にまで従われました。それゆえ神は、この方を高く上げて、すべての名にまさる名を与えられました。それは、イエスの名によって、天にあるもの、地にあるもの、地の下にあるもののすべてが膝を

かがめ、すべての舌が「イエス・キリストは主です」と告白して、父なる神に栄光を帰するためです。（ピリピ2：6～11）

祈りましょう。

否定されても、何度否定されても（第4章14～30節）

イエスは人々に向かって話し始められた。「あなたがたが耳にしたとおり、今日、この聖書のことばが実現しました。」人々はみなイエスをほめ、その口から出て来る恵みのことばに驚いて、「この人はヨセフの子ではないか」と言った。（4：21～22）

皆さんは、自分が否定されるとわかっているところに行きたいと思うでしょうか。絶対に排斥されるとわかっているなら、そこに行きたいとは思わないと思います。私だったら、絶対に行きたくありません。しかし、今日、私たちが聞く聖書のことばによると、イエス様はその真逆で、自分が排斥されることがわかっている故郷ナザレに、わざわざ来られたと言います。それはなぜだったのでしょうか。それにはどのような意味があったのでしょうか。

今日、そのことについて、ご一緒に学んでいきたいと思っていますが、イエス様が育ったナザレが、どのようなところであったのか、ということを知ることが、今日の聖書の箇所を理解するために、非常に重要だと思います。

地図（次頁）を見てみますと、イスラエルの北の方ガリラヤ湖の西に広がる地域がガリラヤで、当時そこはローマ皇帝から分封された国主ヘロデ・アンティパスが治めていました。イエス様が育ったナザレは、ガリラヤ湖の西方やや南25㎞ほどのところに位置します。以前、ナザレは貧しい村であったと考えられていましたが、現在ではこの考えは否定されています。

1990年から始まった発掘調査によって、ナザレの北わずか数キロの場所に大規模なローマ式都市ツィポリ（セッフォリス）が存在していたことが明らかになりました。その全貌が見えてきたのは2012年ということですから、かなり最近のことです。ヘロデ大王が紀元前4年に死んで、ガリラヤの国主に分封された息子ヘロデ・アンティパスが、ここにガリラヤ州都の建設を始めます。それは行政府、4500人を収容する半円形劇場やモザイクの敷き詰められた広い道路、大規模な住宅群を有する都市でした。そして、ナザレは、このツィポリ建設のために労働力を供給していたと考えられるのです。

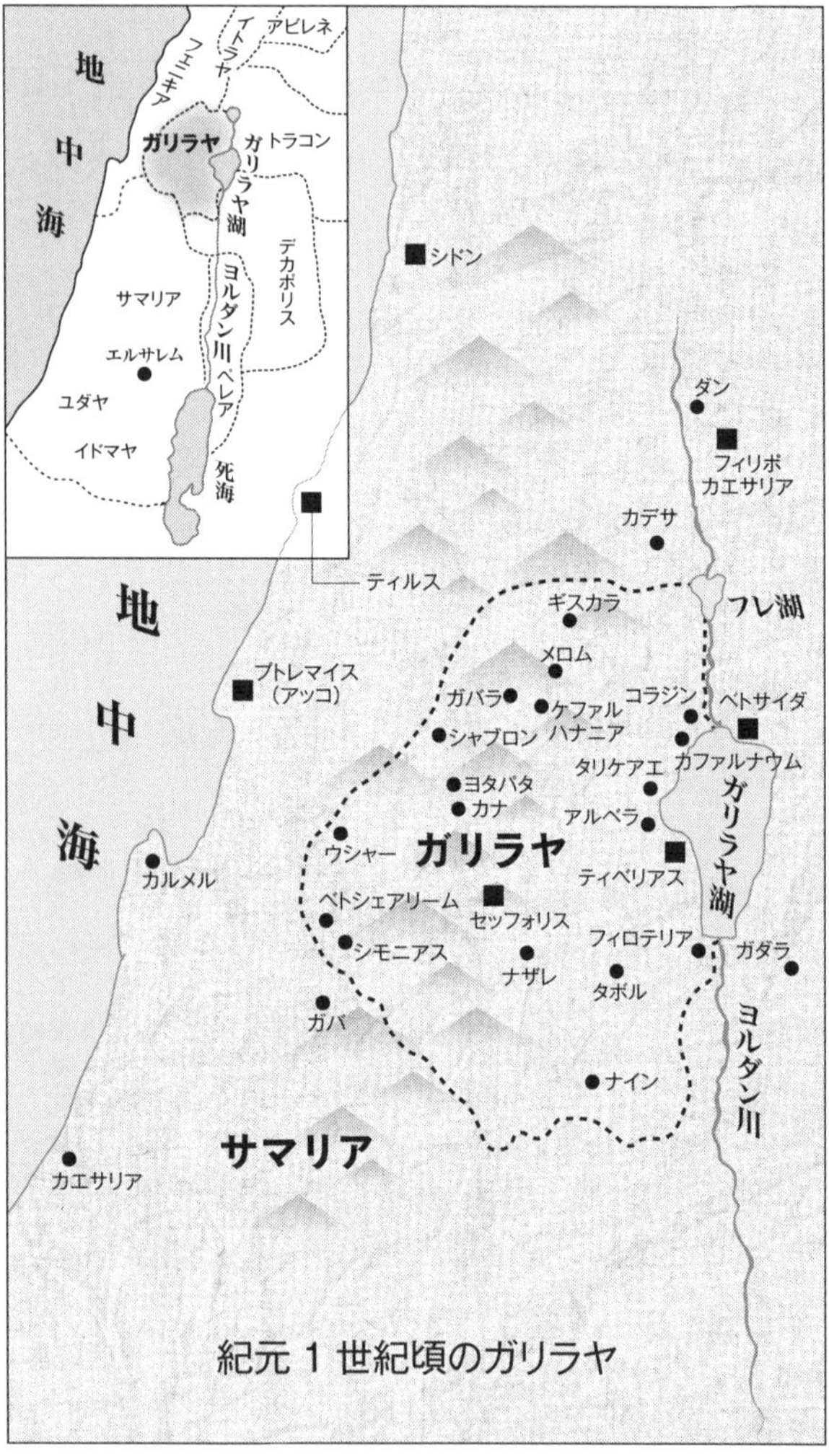

山口雅弘『ガリラヤに生きたイエス』107 頁（ヨベル、2022 年）

イエスの養父ヨセフ一家がナザレに戻ってきたのはヘロデ大王が死んだ後ですから、ツィポリの建設が始まった頃ということになります。考古学的な証拠を見つけることはできないのですが、養父ヨセフも若い時のイエス様もここで大工として働いていたとするのが妥当だと考えられています。（蛇足ですが、今では『Jesus in Sepphoris』〔ツィポリのイエス〕という時代小説が出版されるほどです。）このように、ヨセフは大工として十分な収入をツィポリから得ていたので、イエス様の育った家は決して貧しい家庭ではなかったと考えられます。

さて、ルカの福音書は、イエス様の初期の伝道を次のように、書き記します。

イエスは御霊の力を帯びてガリラヤに帰られた。すると、その評判が周辺一帯に広まった。イエスは彼らの会堂で教え、すべての人に称賛された。それからイエスはご自分が育ったナザレに行き、いつもしているとおり安息日に会堂に入り、朗読しようとして立たれた。すると、預言者イザヤの書が手渡されたので、その巻物を開いて、こう書いてある箇所に目を留められた。「主の霊がわたしの上にある。貧しい人によい知らせを伝えるため、主はわたしに油を注ぎ、わたしを遣わされた。捕らわれ人には解放を、目の見えない人には目の開かれることを告げ、虐げられている人を自由の身とし、主の恵みの年を告げるために。」イエスは巻物を巻き、係りの者に渡して座られた。会堂にいた皆の目はイエスに注がれていた。イエスは人々に向かって話し始められた。「あなたがたが耳にしたとおり、今日、この聖書のことばが実現しました。」（4：14〜21）

イエス様は、聖霊に満たされ、悪魔の誘惑を退けられた後、ガリラヤで伝道を開始なさいましたが、その拠点となさったのは、カペナウム（カファルナウム）というガリラヤ湖の北西部分に面した大きな町でありました。イエス様は、このカペナウムやその他のガリラヤ湖の周辺で教え、多くの病人たちを癒し、悪霊に取り付かれて、苦しんでいる者たちを救い、伝道なさいましたが、そののちに、ご自身の出身地であるナザレに帰り、安息日に会堂に入られました。

この箇所をそのまま読むと、イエス様が偉い教師としての地位を確立して、故郷のナザレに錦を飾り、会堂に行ったら、係の人がイエス様のところに聖書を持ってきて、恭《うやうや》しく渡したというような印象を持つかもしれませんが、実はそうではありませんでした。イエス様がナザレの会堂でテストされたということを意味しているのです。

ここで「いつもしているとおり」という言葉がありますが、これは「安息日に会堂に入り」に掛かっています。「いつもしているとおり朗読しようとして立たれた」のではありません。イエス様は安息日ごとに会堂に行くのを小さい頃からの習慣としておられました。ですから、「いつものように安息日に会堂に入った」、すると、そこで「朗読するように指名された」ということです。

当時のユダヤ会堂は、安息日のみ開かれていましたが、そこは今のキリスト教の礼拝堂のような礼拝や祈りの場ではありませんでした。教育の場、いわゆる学校だったのです。ここで安息日ごとに律法と預言者の書を朗読し、学ぶということが行われていました。安息日ごとに朗読のために7人の人が指名され、立ち上がるのですが、最初の6人は律法の書を読み、最後の一人には預言者の書が渡される。律法の書は1年で1回読み終わることになっていましたから、その週の分を6人で読む。そして、最後の一人には、それと関連のある預言者の書が渡され、それを読む。ところが、この朗読そのものが、律法の書と預言者の書についての学習成果と自らの解釈をテストされる場であったと言うのです。

どんな言語でも発音は子音と母音の組み合わせで行われます。日本語の「種《たね》」という単語は「t-a-n-e」というように子音－母音－子音－母音の連続で発音されますが、アルファベットを文字として使うヨーロッパ言語では、子音も母音も両方とも表記に用います。日本語のローマ字も同じです。ですから、それぞれの文字の音を知っていれば、書かれているアルファベットの連続は発音できるわけですが、当時のヘブライ語には母音の表記法がありませんでした。つまり、子音だけで書かれていたのです。その後、紀元7世紀から9世紀にわたって、母音の表記法が考案、確立され、現在に至っていますが、イエス様の時代には律法の書にも預言者の書にも母音の表記はありませんでした。ですから、子音しか書かれていない書を渡され、それに自分で母音を入れながら読まなければならなかったわけです。さきほどの「種」の場合、「tn」とだけ書かれているのに似ています。これを「t-a-n-e」と読むか、「t-a-n-a」と読むか、「t-u-n-e」と読むかを朗読者が判断しなければならないということです。言うまでもなく、異なった母音で読むと意味も異なってきますから、その母音の選択そのものがその箇所の解釈となるわけです。ですから、若者たちは教師《ラビ》に師事して、読み方と解釈を学ばなければならなかった。安息日は、それを披露したり、自分の解釈を提示したりするとともに、テストされる時でもあったということです。

　イエス様には預言者イザヤの書が渡されたとありますが、これは巻物です。初めから、その日読まれる律法の書の関連箇所として指定されたところが開いた状態でイエス様の手に渡されたのです。私たちが冊子となった聖書のページをめくって読む箇所を探すようなことではありませんでした。
安息日における会堂での活動がこのようなことであったということを考えると、ここでのイエス様の立場が分かってきます。「カペナウムとかガリラヤ湖周辺で、大きな伝道の成果を上げて偉くなって帰ってきたイエスが、どのように聖書を読むのか、どのような解釈をするのか、これは一つ聞いてやろうじゃないか。テストしてやろうじゃないか」、ということになったということです。そこでイエス様に渡された巻物が預言者イザヤの書で、次の箇所でした。

主の霊がわたしの上にある。貧しい人に良い知らせを伝えるため、主はわたしに油を注ぎ、わたしを遣わされた。捕らわれ人には解放を、目の見えない人には目の開かれることを告げ、虐げられている人を自由の身とし、主の恵みの年を告げるために。」イエスは巻物を巻き、係りの者に渡して座られた。会堂にいた皆の目はイエスに注がれていた。イエスは人々に向かって話し始められた。「あなたがたが耳にしたとおり、今日、この聖書のことばが実現しました。」（4：18〜21）

この箇所は、まさにイエス様がメシア（キリスト）として立てられているということが書かれているところでありました。

その後イエス様は、その日の律法の書と預言者の書の解釈を述べていかれるわけですが、座って説教なさったと言います。当時の教師たちは、説教をする時、座りました。それが教えをする時の正式の姿勢でありました。今、私たちは人の前で話をする時には立ちますけれども、当時は座って教えていた。なぜならば、聖書の言葉の前ではすべての人が平等であるからです。聞く人が座っているのであれば座って語る、これが当時の教え方であったわけです。

人々の目がイエス様に注がれた時、語り始められました。「あなた方が耳にしたとおり、今日、この聖書のことばが実現しました」と。油を注ぐというのは、メシアとして任職されたということです。メシア、すなわち、イスラエルの王、イスラエルの大祭司として任職された。そして、そのメシアの業とは何かということが、ここに書かれている。敵に囚われている者を救い出す、目の見えない者の目を開く、抑圧されている者を自由にする、すべての負債を帳消しにし、奴隷にされていた者たちが自由にされるヨベルの年を宣言するというのが、このメシアの業であると。これに対する人々の反応はどうであったか。

人々はみなイエスをほめ、その口から出て来る恵みのことばに驚いて、「この人はヨセフの子ではないか」と言った。（4：22）

人々は皆イエスをまず褒めたんですね。「おお、よく自分の解釈で、立派に読み上げることができた」と言って褒めた。もう一方でその口から出てくる恵みの言葉に驚いたと言いますが、この「恵みの言葉」というのは、ルカの注釈です。ルカが、「このイエスの言葉は恵みのことばだ」と注釈したのであって、ナザレの人々がこれを恵みのことばと思ったのではありませんでした。むしろ、「この人はヨセフの子ではないか」と言ったのです。

先ほど、ヨセフも若い時のイエス様もツィポリで大工として働いていた可能性が高いということをお話ししました。ツィポリの建設を始めたのはローマ皇帝の家臣ヘロデ・アンティパスです。彼は、ガリラヤ湖畔にティベリア（ティベリアス）という町を建設し、主君であるローマ皇帝ティベリウスに献上した人物です。「ローマ皇帝に忠誠を尽くすと誓っているヘロデ・アンティパスが建設しているツィポリで、お前の父ヨセフも、お前も働いて身銭を得ていたではないか。そのお前が『わたしはメシア、イスラエルの救い主だ』と言うのか。」ナザレの人々にはこのような思いがあったのではないでしょうか。

ツィポリは建設が進むにつれ、次第にローマ神話の偶像やモザイクで埋め尽くされていくようになります。養父ヨセフとイエス様がツィポリで働いていたとき、どれほど偶像色があったかは分かりませんが、偶像崇拝を否定するイスラエルの中で、ツィポリで働いていたイエス様がメシアであることはあり得ないことだったに違いありません。

そして、「お前がメシアだと言うのなら、その証拠を見せろ」と言ったり、あるいは思ったりした。それに対してイエス様は答えられます。


「きっとあなたがたは、『医者よ、自分を治せ』ということわざを引いて、『カペナウムで行われたと聞いていることを、あなたの郷里のここでもしてくれ』と言うでしょう。」そしてこう言われた。「まことに、あなたがたに言います。預言者はだれも、自分の郷里では歓迎されません。まことに、あなたがたに言います。エリヤの時代に、イスラエルに多くのやもめがいました。三年六か月の間、天が閉じられ、大飢饉が全地に起こったとき、そのやもめたちのだれのところにもエリヤは遣わされず、シドンのツァレファテにいた、一人のやもめの女にだけ遣わされました。また、預言者エリシャのときには、イスラエルにはツァラアトに冒された人が多くいましたが、その中のだれもきよめられることはなく、シリア人ナアマンだけがきよめられました。(4：23〜27)

ここでイエス様がおしゃっているのは、「わたしがメシアであることの証拠は与えられない」と言うことです。「お前がカペナウムで行っている奇跡、癒しの業を見せてみろ。そうしたらお前をメシアとして認めてやろう」というナザレの人々の思いを満たすことは何も行われない。注意して聖書を読まなければなりませんが、イエス様ご自身は「あなたがたが耳にしたとおり、今日、この聖書のことばが実現しました」と言われたのであって、「わたしはメシアだ」とは言っておられない。ナザレの人たちにはそのように聞こえたということです。イエス様は、他の聖書の箇所でも、何度もおっしゃっています。「わたしがメシアであることの証拠は与えられない」と。そして、神の民イスラエルにではなく、偶像の地に住む異邦人に神の救いが与えられるとの予告をしていかれます。

これを聞くと、会堂にいた人たちはみな憤りに満たされ、立ち上がってイエスを町の外に追い出した。そして町が建っていた丘の崖の縁まで連れて行き、そこから突き落とそうとした。しかし、イエスは彼らのただ中を通り抜けて、去って行かれた。（4：28～30）

これを聞いた人たちは、烈火の如く怒ります。神の民イスラエルではなく、偶像崇拝をする人間たちが救われるだと！　そのためにメシアが遣わされるだと！　これは神に対する冒瀆である。こんなことを言うやつは、石打ちの刑だと言って、イエス様を殺そうとします。町が立っていた崖の縁まで連れていき、そこから突き落とそうとしたとありますが、これは当時のイスラエルでの石打の刑のやり方です。まず崖から突き落として、それで息絶えていなかったら、上から石を投げ落とすということをしていました。しかし、イエスは彼らのただ中を通り抜けて去っていかれた。エルサレムで、十字架にかかり、全人類の罪の贖いを成し遂げるため、神の不思議な御手がここで働いたのでありました。

それにしても、イエス様はナザレでは受け入れらないと分かっていたのに、なぜわざわざそこに行ったのでしょうか。理由は一つです。イエス様はナザレを愛しておられたからです。ナザレは、ツィポリ建設に労働力を提供する村でした。ツィポリは、ローマ皇帝を君主と仰ぐヘロデ・アンティパスが建設していたローマ様式の都市で、やがてローマ神話の偶像で満ち溢れるようになっていきます。言うならばローマ帝国に加担しているとされていたのがナザレです。ヨハネの福音書の中でナタナエルがナザレについてコメントしています。「ナザレから何の良きものが出るであろうか」と。これは、このような時代背景の上に語られたことばだったのだと思います。このようにイスラエルの中で蔑まれていたナザレ。しかし、ここから全人類の救い主となる方が出られた。このことを告げ知らせるために、イエス様はナザレに行かれたのです。

新約聖書の中には「ナザレのイエス」と何度も、何度も出てきます。イエス様も「ナザレのイエス」と呼ばれることをお喜びになったのです。イスラエル人が蔑む村、ナザレ人自身も蔑む村。しかし、イスラエルの救い主、全人類の救い主は、ナザレ出身者と呼ばれた。ナザレから否定されても、また殺されそうになっても、イエス様はナザレを愛し抜かれました。メシアとしての存在を否定されても、イエス様は、メシアとしての業《わざ》を成し遂げられたのです。

どんなに否定されても、何度否定されても愛しぬく神、これがイエス・キリストです。このお方が私たちの王です。私たちがどんなにイエス様を否定しても、何度否定しても、イエスなど知らないというようなことがあっても、イエス様は私たちを否定することはない。

愛しぬき、握りしめ、救いを完成してくださるのです。

どうぞ皆さん、覚えていただきたい。イエス様が「ナザレのイエス」と呼ばれることをお喜びになったことを。使徒たちは、「ナザレのイエス」の名によって、病気の人たちを癒し、足の不自由な人たちを歩かせ、悪霊を追い出していきました。私たちは、決して信仰者として立派ではありません。自分はダメだと思うことも多い者たちです。人から批判されて心折れることも、自分で自分を否定する思いに駆られることもあるでしょう。しかし、イエス様は、私たちに呼びかけ、語りかけてくださる。「あなたは、わたしのものだ。わたしは、あなたを通してわたし自身を現す」と。私たちを用いて、私たち一人ひとりの名を用いて、ご自身を現したいと願ってくださっているのです。

「〇〇の神、イエス・キリスト。」〇〇に自分の名を入れて、このお方に向かって何度も呼びかけましょう。


「ですから神は、彼らの神と呼ばれることを恥となさいませんでした。」（ヘブル11：16）

祈りましょう。

そのままわたしのそばにいなさい（第5章1〜11節）

人の人生は出会いによって決まると言われます。なぜ出会いが人を変えるかというと、出会った人の中に自分にないものを発見するからです。そこに憧れが生じ、あるいは畏怖を感じ、人は今の自分から新しい自分に脱皮したい、自分がそれまで知らなかった世界に生きるようになりたいと願うからです。

聖書の中にはイエス・キリストと出会った人たちのことが記されていますが、どれ一つとして他のものと同じ出会いはありません。すべてが特別な出会いであります。そして、それは偶々《たまたま》の出会いではなく、イエス様が一人ひとり異なる内面の渇き、虚しさを知って、アプローチしてくださっていることが分かります。イエス様の第一の弟子となったペテロも他の人が持っていなかった特別な内面的事情がありました。イエス様はそれを知って、ペテロの心を求めて、近づいていかれました。イエス様は、私たち一人ひとりの内面的事情、外的事情を知って、個別にアプローチしてくださる。今日はペテロがどのようにイエス様と出会ったかについて学びながら、私たち一人ひとりに出会おうとしておられるイエス様に触れることができますように。

さて、群衆が神のことばを聞こうとしてイエスに押し迫って来たとき、イエスはゲネサレ湖の岸辺に立って、岸辺に小舟が二艘あるのをご覧になった。漁師たちは舟から降りて網を洗っていた。イエスはそのうちの一つ、シモンの舟に乗り、陸から少し漕ぎ出すようにお頼みになった。そして腰を下ろし、舟から群衆を教え始められた。話が終わるとシモンに言われた。「深みに漕ぎ出し、網を下ろして魚を捕りなさい。」すると、シモンが答えた。「先生。私たちは夜通し働きましたが、何一つ捕れませんでした。でも、おことばですので、網を下ろしてみましょう。」そして、そのとおりにすると、おびただしい数の魚が入り、網が破れそうになった。そこで別の舟にいた仲間の者たちに、助けに来てくれるよう合図した。彼らがやって来て、魚を二艘の舟いっぱいに引き上げたところ、両方とも沈みそうになった。これを見たシモン・ペテロは、イエスの足もとにひれ伏して言った。「主よ、私から離れてください。私は罪深い人間ですから。」彼も、一緒にいた者たちもみな、自分たちが捕った魚のことで驚いたのであった。シモンの仲間の、ゼベダイの子ヤコブやヨハネも同じであった。イエスはシモンに言われた。「恐れることはない。今から後、あなたは人間を捕るようになるのです。」彼らは舟を陸に着けると、すべてを捨ててイエスに従った。（5：1〜11）

あなたは、今読んだ箇所でどこが特に心に残りましたか。あるいは、どこに注目したでしょうか。聖書を読むとき、ある特定の箇所が気になるということがありますが、それを大切にして、思索を深めたらよいと思います。そこが窓となって聖書の豊かな世界が大きく広がっていくのを経験できるようになるでしょう。

私が気になったところは、「これを見たシモン・ペテロは、イエスの足もとにひれ伏して言った。『主よ、私から離れてください。私は罪深い人間ですから』」という箇所です。その中でもペテロの「私から離れてください」という言葉です。なぜ気になるかと言うと、これに先立つ第4章42節にはこう書いてあるからです。「朝になって、イエスは寂しいところに出て行かれた。群衆はイエスを捜し回って、みもとまでやって来た。そして、イエスが自分たちから離れて行かないように、引き止めておこうとした。」一方でイエス様にそばにいてほしいと、引き止めようとする人々がいる。他方でイエス様に自分から離れてほしいと言う人がいる。なぜこのような違いが出て来るのでしょうか。あなたはどのように思われますか。

群衆はイエス様が多くの病人を癒し、多くの人々から悪霊を追い出して癒していかれるその姿と力を見て、主よ、私たちのところにとどまってください。私たちを癒し続け、私たちを守り続けてくださいと言った人々でありました。それはイエス様が持っておられた外から見える力とご利益を求めた人たちであった。そのように言うことができるでしょう。もう一方で、イエス様の本質を見た者がここにいるのです。イエス様の本質を見る。それは天地を造られた神ご自身が自分の目の前に立っておられるのを見ると言うことです。自分の罪を知る者たちは、自分がこの神の前に立ち続けることができないということを知ります。自分の罪の現実に震え上がってしまうのです。今日はこのことを掘り下げていきたいと思います。

ペテロのイエス様との出会いと申しましたが、実はペテロがイエス様と出会ったのはこの時が最初ではありませんでした。第4章を見ますと、ペテロの姑が熱病に苦しんでいた時、イエス様がペテロの家に入ってその姑を癒やされたと書かれています。聖書学者の中には、第4章のペテロの姑の癒しの出来事と第5章の大漁の出来事は順序が違っていると考える人もいます。つまり、大漁の出来事とイエス様との出会いの方が先にあったから、ペテロは姑の癒しをイエス様に願ったのではないかと言うのです。しかし、私はペテロの姑の癒しが先にあったに違いないと思います。ルカがその順序の通り記録したと考えるのが妥当です。そして、この順序だったからこそ、ペテロはイエス様と人生がひっくり返るような出会いを経験することができたのです。

ペテロは、ガリラヤ湖の北岸の町カペナウムというところの漁師でした。カペナウムはメソポタミアとエジプトを結ぶ交易路の要衝で、大きなユダヤ会堂があり、領主ヘロデ・アンティパスの百人隊が駐留する都市でした。ペテロは自らの舟と網を持つ漁師で、ユダヤ会堂のそばに家を持っていたので、比較的安定した生活をおくる人だったと思われます。

イエス様はカペナウムで宣教活動を始められますが、多くの人たちがその恵みの言葉に引き寄せられ、また、多くの人たちが病気を癒していただいていたり、悪霊を追い出していただいていました。しかし、ペテロ自身は自らイエス様に近づき、その輪の中に入ろうとはしていませんでした。先ほど言いましたように、第4章にはペテロの姑がイエス様に熱病を癒していただいたところが出て来ますが、これはペテロではなく、ペテロの妻がイエス様にお願いしたのだと思われます。ペテロは、自らイエス様に近づくことはできないという思いを持っていたようです。

そんなある朝、ペテロは湖岸で網を洗っていました。その夜は何も獲れず、疲れと落胆の中、網を洗っていると、多くの群衆が岸にやって来ます。すると、イエス様が岸に停めてあるペテロの舟に乗り込んできました。彼らに話しをしたいから、舟を少し岸から出してくれと言うのです。ペテロは内心穏やかではなかったと思います。しかし、先日姑を癒していただいたし、イエス様の頼みを断るわけにはいきません。

ペテロが舟を岸から少し出すと、イエス様が話し始められます。ペテロはイエス様の話を近くで聞くのはこれが初めてだったのです。多くの人々に向かって話されるイエス様。気にならないわけではないが、人々の中に入っていくことができなかった。自分からイエス様に近づいていくことができなかった。「俺には関係ない」と思う。しかし、イエス様のお姿を間近に見、その語られる声をすぐそばで聞いていると、固く閉ざしていた心が開かれていくのを感じる。イエス様の言葉が心に染み込んでくる。

きっとイエス様は、はじめからペテロに語りかけるためにペテロの舟に乗り込まれたのです。群衆に語っておられましたが、本当はすぐそばにいるペテロの心に語りかけておられたのではないでしょうか。

イエス様はここでどのような話をなさったのでしょうか。ルカの福音書のこの箇所にはそのことについて書かれていませんが、想像することは許されていると思います。あなたは、イエス様がここでどのような話をなさったと思いますか。福音書に記されているイエス様のことばを思い出してみることは有益です。「空の鳥を見よ。撒かず、刈り入れもせず、倉に納めることもない。しかしあなたがたの天の父は彼らを養ってくださっている。」「なぜ、明日のことを心配するのか。明日のことは明日自らが心配するのだ。」「天の父は、これらがあなたがたに必要なことはご存知である。神の国と神の義をまず第一に求めよ。あなたが必要とするものはそれに加えて与えられる。」「兄弟に対して怒る者は、大法院で裁かれる。」「あなたの敵を愛し、あなたを迫害する者のために祈れ。」「天の父が完全であられるよう、あなたがたも完全であれ。」

ペテロは、イエス様の話を聞きながら、その一言一言が自分に向かって語られていると感じたに違いありません。私たちも礼拝の説教を聞いたり、聖書のメッセージを読んだりして、それが自分に向かって語られていると感じることがあります。私はインターネットで20数年間にわたって聖書のメッセージをお送りして来ていますが、よく読者の方々から

「なぜ先生は私のことを知っているんですか。私がちょうど必要としていた言葉を送ってくださり、驚いています」という内容のご返事をいただいたりします。この時のペテロは、イエス様が自分に向かって語ってくださっているということを強く感じたに違いありません。

イエス様は話し終えられると、ペテロに「深みに漕ぎ出して漁をしなさい」とおっしゃる。ペテロは、魚獲りのプロです。網は夜仕掛けて、朝引き上げることに決まっている。昼間網を下ろしても魚は獲れない。これは常識である。反論したい気持ちを抑えて、ペテロはイエス様の言葉に従いました。ペテロは魚が獲れるとは思っていなかったと思います。その意味でイエス様をまったく信じていなかった。「でも、おことばですので、網を下ろしてみましょう」という言葉から、ペテロが仕方がないと思いつつ、いやいや網を下ろしたことが分かります。ここはこの先生の顔を立てておこうと思ったのでした。ついさっきまで、イエス様の声を聞いているうちに、固く閉じた心がほぐれていくのを感じ、感動していたのに、「深みに漕ぎ出して漁をしなさい」と言われた途端に反抗する心が湧き上がる。ペテロの心は分裂しているのです。

そして、そのとおりにすると、おびただしい数の魚が入り、網が破れそうになった。

そこで別の舟にいた仲間の者たちに、助けに来てくれるよう合図した。彼らがやって来て、魚を二艘の舟いっぱいに引き上げたところ、両方とも沈みそうになった。これを見たシモン・ペテロは、イエスの足もとにひれ伏して言った。「主よ、私から離れてください。私は罪深い人間ですから。」（5：6〜8）

ペテロは恐ろしくなりました。ただ人の心に染みるよい話をするだけの先生ではない。病気を癒すだけの先生ではない。湖の魚を思いのままに操ることができる全能の主ご自身がここにいる。自分の苛立ちや、このお方に対して反抗する思いもすべてを知っているお方がここにいる。ペテロは、多くの人たちがイエス様の周りに集まっていた時、その輪の中に入ろうとはしませんでした。自分はそれを遠巻きに見ながら、イエス様とは関わらない生き方をしようとしていた。ペテロは自分の罪を知る人だったからです。この罪のすべてを知っているお方の前に自分はいる。私は、このお方の瞳に耐えられる者ではない。このお方のそばにいる資格はない。いや、この罪深い私がこのお方のそばにいることなど、ありえないことだ。「主よ、私を見つめないでください。私に関わらないでください。私を放っておいてください。」ペテロは自分が罪深い人間であることは知っていたと思います。

しかし、イエス様の真の姿を見た時に、罪の恐ろしさに震え上がりました。

旧約の預言者イザヤは、神殿の中で主のお姿を幻の中に見た時、「わたしはもうだめだ。滅んでしまう。私は唇の穢れた者なのに、万軍の主を見てしまった」と絶望しました。また、出エジプト記には、「あなたがたは、わたし主の顔を見て、なお生きていることができない」という言葉があります。罪ある人間が主の前に出たら滅んでしまうのだと。ペテロは、イエス様のお姿の中に神である主ご自身を見た時、恐れに満たされ、「私はこのお方と関わって生きていくことはできない」と自分の罪の現実に打ちのめされました。

「私を離れてください。あなた様は私に近づいてくださいました。私の心に染み込む言葉を語ってくださいました。しかし、私はあなた様のそばにいられるような人間ではないのです。私は自分を変えられないのです。自分の罪を自分でどうすることもできないのです。こんな私があなた様のそばにいることなど、あり得ないことです。」ペテロは、イエス様の言葉を聞いてイエス様に惹かれる心と、このお方のそばにはいられない、このお方から離れなければならないという思いの中で、その存在が二つに分裂してしまっているのです。

しかし、イエス様は恐れるペテロに言われます。「恐れることはない。今から後、あなたは人間をとるようになるのです」と。自分の罪深さに震え上がっている者に対して「怖がらなくてよい」とお声をおかけになりました。「罪深いまま、罪人のまま、わたしについて来なさい」とおっしゃったのです。「自分で自分の罪を解決しようとしなくてよい。分裂した心のままついて来なさい。大丈夫だから」と。

讃美歌の中に「いさおなき我を」という有名な賛美があります。作詞したのは、シャーロット・エリオット（Charlotte Elliott, 1789-1871）という人です。この人は牧師の家系に生まれますが、30歳のとき病気がもとで身体障がい者となり、苛立ちと怒りに満ちた生活をするようになったと言います。ある日、メイラン牧師がエリオット家にやってきて、シャーロットに問いかけました。「あなたはクリスチャンですか？」洗礼を受けている牧師の娘に「あなたはクリスチャンですか？」と問いかけたのは、シャーロットがすっかり信仰を失っているのが分かったからでしょう。シャーロットは答えます。「宗教の話などしたくありません。」するとメイラン牧師は次のように言いました。「気に障ることを話題にしてすみませんでした。ただ、私は、あなたがあなたの心を神様に委ね、そして、神様があなたに与えておられる賜物によって神様のために働くことができるようにと祈ります。」

シャーロットは自分が高慢であることに気づいたと言います。そして、三週間後にメイラン牧師が再びシャーロットを訪れたとき、次のように苦悩を告げました。「私は、救われたいです。私は神様のところに行きたいです。しかし、どのようにして神様のところに行ったらよいか分からないのです」と。メイラン牧師は答えます。「そのままのあなたのまま、神様のところに行けばよいのです。罪人のまま行けばよい。」

シャーロットは、クリスチャンとしての生活を始めました。聖書を読んで祈るようになった。しかし、体の苦しみのために、苛立ちと惨めさに苛まれる日々が続きます。一八三四年、兄のエリオット牧師が、聖職者の娘たちのための高等教育学校設立ための計画を立て、教会を挙げて、資金作りのバザーを行うのですが、シャーロットは何もできません。惨めで役立たずの自分に失望しますが、そんなシャーロットに聖霊が働きかけてくださった。感情によらず、救われているという事実、イエス様がこのままの私を招いてくださっているという事実に立ち、自分と同じ境遇にある人々を思い、詩（次頁）を書きました。

シャーロットは、この「Just as I am」を含めた詩集を『身体障がい者の賛美歌』として匿名で出版しました。すると、この歌詞がカードとして売られるようになります。クリスチャン・ショップでそれを見た彼女の主治医が感動し、シャーロットを励ますためにそのカードを彼女にプレゼントしたと言います。

1. Just as I am, without one plea,
but that thy blood was shed for me,
and that thou bidst me come to thee,
O Lamb of God, I come, I come.

5. Just as I am, thou wilt receive,
wilt welcome, pardon, cleanse, relieve;
because thy promise I believe,
O Lamb of God, I come, I come.

6. Just as I am, thy love unknown,
hath broken every barrier down;
now, to be thine, yea thine alone,
O Lamb of God, I come, I come.

1. このままの私、何も申し開きすることもできません。
ただ、あなたの血潮が私のために流されたから、
あなたが私に来なさいと命じてくださっているから、
神の小羊イエスよ、御許に参ります。

5. このままの私を、あなたは受け入れ、
歓迎し、赦し、清め、休ませてくださる。
ただ、あなたの約束を信じているだけですのに。
神の小羊イエスよ、御許に参ります。

6. このままの私、あなたの愛は、人に知られぬ間に、
すべての壁を打ち砕いてくださった。
今、私はあなたのもの、そう、あなただけのもの。
神の小羊イエスよ、御許に参ります。

罪の壁を打ち砕くのはイエス様だった。私ではなかった。「そのまま来なさい。罪人のままわたしのところに来なさい」と招いてくださったイエス様が、この自分ではどうすることもできない罪の壁を打ち破ってくださった。イエス様が十字架で流された血が、私たちの前に立ちはだかる罪の壁を打ち破ってくださったのです。ペテロを招いてくださったイエス様がシャーロットを招き、そして、私たち一人ひとりを招いてくださっています。「そのまま来なさい。罪人のまま、罪深いままわたしのそばにいなさい。その罪をわたしに任せなさい」と。

祈りましょう。

「私みたいな者」とは言わせない（第5章12〜13節）

さて、イエスがある町におられたとき、見よ、全身ツァラアトに冒《おか》された人がいた。その人はイエスを見ると、ひれ伏してお願いした。「主よ、お心一つで私をきよくすることがおできになります。」イエスは手を伸ばして彼にさわり、「わたしの心だ。きよくなれ」と言われた。すると、すぐにツァラアトが消えた。（5：12〜13）

数週間前まで北京オリンピックがあって、私たちはその結果に喜んだり、残念がったりしました。この北京オリンピックについて、2月19日の朝日新聞に面白い記事が掲載されていました。『『五輪選手が謝る日本』を言語学で分析する」と書いてある。私は言語学者ですから、飛びついて読みました。その内容をご紹介します。それを理解することによって、今日の聖書箇所が本当に分かるようになるからです。

日本人選手は期待された結果を出せないと、まず謝る。「すみませんでした」と言う。中国人選手も同様。韓国人の選手は、最近は変わってきたけれども、以前はそうだったと書かれていました。ジャンプのスーツ規定で失格になってしまった高梨沙羅選手も、まず謝りました。同じように失格になったドイツの選手たちは、「いや、私は悪くない」と言い張ったのに、高梨選手はまず謝った。欧米では、こういう場合、謝るということはあり得ないのだが、なぜ日本人選手はすぐに謝るのか、それを言語学の理論で分析してみるというものでした。

コミュニケーションの理論に「フェイス理論」というのがあります。「フェイス」は「顔」のフェイスです。日本語で「顔が立つ」とか「顔が潰れる」などと言いますが、そういった意味での「顔」、「フェイス」という概念を使ってコミュニケーションのあり方を研究するのが「フェイス理論」です。

この理論では、人間の「顔」には「ポジティブ・フェイス」と「ネガティブ・フェイス」があると言います。「ポジティブ・フェイス」とは、ガンガン自己主張をして、「私のことを認めてね」、「私を受け入れてね」というような形で、グイグイ相手に向かって自分を押し出していくタイプのコミュニケーション方略で、逆に「ネガティブ・フェイス」というのは、自己防衛をしたり、自分が傷つかないように、あらかじめ予防線を張っておくコミュニケーション方略です。

このポジティブ・フェイスとネガティブ・フェイスは、すべての人が持っているのですが、人によってどちらが強いとか、弱いとかということはありますし、一人の人の中でも使い分けて、相手と駆け引きをしながらコミュニケーションを進めるのが普通です。また、文化によってどちらが強いか弱いかという差がある。ポジティブ・フェイスが強い文化、ネガティブ・フェイスが強い文化というのがあります。

日本文化はどうかと言うと、ネガティブ・フェイスをよく使います。例えば、ある組織の中でコミュニケーションが十分に行われていないとき、「できたら、もう少しこちらにも情報を流していただけるとありがたいのですが」と言ったりします。「ちゃんと情報を流してもらわないと困ります」と言うと角が立つので、やんわり伝える。「ちゃんと情報を流してもらわないと困ります」というのはポジティブ・フェイス方略です。相手に自分の主張を明確に伝えていますが、逆に相手の顔を潰すことにもなります。一方、「できたら少しこちらにも情報を流していただけるとありがたいのですが」というのはネガティブ・フェイス方略ですが、これだと相手も顔を潰されず、自分も反撃される危険性が少なくなりますが、主張そのものが弱いので、相手が行動を改めるかどうかは相手次第ということになります。日本人は、このようなネガティブ・フェイスのコミュニケーション方略を多用すると言われます。

そこで、今日の箇所ですが、新改訳聖書２０１７の訳「主よ、お心一つで私をきよくすることがおできになります」（5：12）は、ポジティブ・フェイスでしょうか、ネガティブ・フェイスでしょうか。これは、イエス様に対する告白と自分の願いを前面に出したポジティブ・フェイスです。聖書原文の直訳は「あなたは、そうしようと思えば、私を清めることができます」です。ここではイエス様の能力に主眼があります。そうしようと思うだけで私を清めることができるイエス様の能力について告白している。これはポジティブ・フェイスです。この新改訳聖書２０１７の訳は、このことが明確な名訳だと思います。

一方、この箇所は、「御心ならば、きよめていただけるのですが」と訳した口語訳聖書の影響で、長くネガティブ・フェイスの表現として受け止められてきました。この「御心ならば」というのは、「御心ではないかもしれない。その場合は、結構です」という意味を含むもので、あらかじめ予防線を張った表現となっています。これには、「どうせダメでしょうけど」という日本語独特の否定的な意味が入り込んでいるように感じられる。

この「御心ならば」は、日本人クリスチャンの信仰生活にかなり深く浸透していて、解決が難しい問題の解決を求めて祈るときに「御心ならば」と祈るのが習慣になっているのをよく見かけます。初めから諦めているわけではないでしょうが、ダメだった場合の予防線を張ったネガティブ・フェイスの祈りをしているかもしれないと、自分の祈りを振り返ってみたらよいかもしれません。

イエス様は、私たちがどのような声を上げるのをお喜びになるのでしょうか。ポジティブ・フェイスの声でしょうか。ネガティブ・フェイスの声でしょうか。ある時、ある男の人がイエス様のところに汚《けが》れた霊に取り憑かれて苦しんでいる息子を連れてきました。

イエスは父親にお尋ねになった。「この子にこのようなことが起こるようになってから、どのくらいたちますか。」父親は答えた。「幼い時からです。霊は息子を殺そうとして、何度も火の中や水の中に投げ込みました。しかし、おできになるなら、私たちをあわれんでお助けください。」イエスは言われた。「できるなら、と言うのですか。信じる者には、どんなことでもできるのです。」するとすぐに、その子の父親は叫んで言った。「信じます。不信仰な私をお助けください。」イエスは、群衆が駆け寄って来るのを見ると、汚《けが》れた霊を叱って言われた。「口をきけなくし、耳を聞こえなくする霊。わたしはおまえに命じる。この子から出て行け。二度とこの子に入るな。」すると霊は叫び声をあげ、その子を激しく引きつけさせて出て行った。するとその子が死んだようになったので、多くの人たちは「この子は死んでしまった」と言った。しかし、イエスが手を取って起こされると、その子は立ち上がった。(マルコ9:21~27)

「もしできますなら」というのはネガティブ・フェイスです。ダメなら仕方がない、諦めるという思いの表明です。これを聞いたイエス様は一喝なさいます。「『もしできるなら』と言うのか! 信じるものにはどんなことでもできる!」と。そして、汚《けが》れた霊を叱りつけ、この子から追い出して、この子を救われたのです。

イエス様は、私たちがネガティブ・フェイスでイエス様に近づくことをお喜びにならない。「主様! あなたはお心一つで、これに解決をお与えになることができます! あなた様は、それほど力ある方です!」イエス様は、私たちがこのようにご自分に向かって声を上げるのを待っておられるのです。

イエス様は、「子どものように、神の国を受け入れるものでなければ、決してそこに入ることはできない」と言われました。この「子どものように」という言葉は、「フェイス」という概念を使って考えてみるとよくわかります。小さな子どもは、ネガティブ・フェイスで、親に向かって話したりはしません。常にポジティブ・フェイスで、親に向かって話したら、このようになります。「あの～、もしあればでいいんですけど、今日のおやつをいただきたいんですけど、……。」小さい時は、親に話すとき、こういうふうには言いませんね。何と言いますか？「今日のおやつ何？どこにある？」ではありませんか。

ただ、だんだん大きくなって、親に拒絶されることもあるということを経験するようになると、ネガティブ・フェイスを使うようになる。親元から離れて生活している大学生の息子が、生活費が足りなくなって、親のところに電話をかけてくるような場合がそうです。「あ、俺。生活費足りないから○○万円送って」とはなかなか言いにくい。特に親から厳しく躾けられた子どもの場合は、そうです。うちの場合は、「もしもし、○○（名前）です。あの～、大変申し訳ないんですが、もしあればでいいんですけど、ちょっとお金送っていただけるとありがたいんですが……」とネガティブ・フェイスで電話をかけてきました。けれども、小さい時はそんなことは言わなかった。家にあるものは全部自分のものだと思っていた。キャンベラにいた時のことですが、階段の下の箱に入れておいたリンゴに小さな歯形がついている。親はそれを見て、大笑いするわけです。それが楽しいのです。小さな子どもは、「あの～、もしあればでいいんですけど、今日のおやつをいただきたいのですが」などとは、絶対に言いません。「おやつどこ？　今日は何？　今日のおやつ何？」と言うのが子どもではありませんか。

「子どものように、神の国を受け入れる者でなければ」というのは、「おやつどこ？　今日のおやつ、何？」と神様に語りかける、求めることです。これを 神様は望んでいらっしゃるんだよ、とイエス様は私たちに教えてくださっているのです。

マタイの福音書に、こう言われています。

このように、あなたがたは悪いものであっても、自分の子どもたちには良いものを与えることを知っているのです。それならなおのこと、天におられるあなたがたの父は、ご自分に求める者たちに良いものを与えてくださらないことがあるでしょうか。

（マタイ7：11）

励ましてくださっているのです。イエス様は、私たちが子どものように求めるのを願っていらっしゃる。皆さん、どうでしょうか。神様に対してネガティブ・フェイスで言うのが癖になっていないでしょうか。それを振り返ってみたらよいかもしれません。

私自身、最近ですが、癖になっているネガティブ・フェイスの言葉があることに気がつきました。それは、「私みたいな者」とか「こんな者」という言葉です。「イエス様は、私みたいな者を愛し、救ってくださった」、「こんな者を見捨てずに導いてくださった」という言い方です。皆さんはあまり使わない表現かもしれませんが、私が育ったキリスト教団体では、集会があるたびに聞くし、私自身よく使う言葉でした。有名なアメージング・グレースでも、「Amazing grace, how sweet the sound. That saved a wretch like me!」(驚くべき恵み、その言葉は何と心に甘く染み渡ることだろう。私みたいな悪党を救ってくださった)と歌いますので、「私みたいな者」という表現によく触れている人もいるかと思います。

2か月ほど前のことですが、祈っているときに、「私みたいな者を」と言ったら、主が私に、「わたしは、お前が自分のことを『私みたいな者』、『こんな者』と言うことを望んでいない」と語りかけられたのを感じ、主の非常に強い迫りに圧倒されてしまいました。その言葉は、私にとって非常に大きな衝撃でありました。

それで私は、聖書の中に自己卑下の意味で「私みたいな者」とか「こんな者」という表現がどれだけあるかを調べてみました。すると、聖書に1回も出てこなかった。1回もです。私は、「私みたいな者」とか、「こんな者」という言い方を、小さい時からずっと使い続けてきたのですが、これは間違いであったということを知ったのです。

「主は、私のような者と共にいてくださった」ではなく、「主は、私と共にいてくださった」である。「主は、私のような者を用いてくださった」ではなく、「主は、私を用いてくださった。今も用いてくださっている。それだけだ」と教えてくださったのです。

キリスト信仰の基本的な徳性は「謙遜」です。しかし、聖書は「謙遜」には2種類あると言います。「真の謙遜」と「偽りの謙遜」です。偽りの謙遜は「自己卑下」とも訳されていますが、これは肉の欲望（罪）の肯定に繋がるとパウロは警告しています（コロサイ2章）。「私みたいな者」「こんな者」という表現は、今も自分が罪の中、罪の汚《けが》の中にあるということを肯定するものとなっている。パウロの言うとおりです。また、「私みたいな者」「こんな者」と言うことは、自分自身にレッテルを貼る行為です。自分をある特定のタイプの人間だと言うことに他なりません。しかし、主は、私たち一人ひとりにレッテルを貼ることはなさらない。特定のタイプの存在だとは見ておられない。「お前はお前である。お前は、

『お前みたいな者』ではない。お前は、『こんな者』ではない。お前はお前である。」
主は、私たち一人ひとりに「罪の中から立ち上がれ」と命じてくださった。主が命じてくださった時、私たち一人ひとりは立ち上がった。主の強い御思いが私たち一人ひとりを立ち上がらせます。

「主よ、お心一つで私をきよくすることがおできになります。」イエスは手を伸ばして彼にさわり、「わたしの心だ。きよくなれ」と言われた。すると、すぐにツァラアトが消えた。（5：12～13）

祈りましょう。

答えは神のいのち（第5章17～26節）

イエス様の福音の中心は、罪の赦しであります。では、罪の赦しとは一体どういうことでありましょうか。罪という言葉は、非常によく聖書の中に出てきますし、教会の中でもよく使われます。けれども、最も誤解されている言葉の一つであると私は考えています。

罪と言えば、悪いことをすることが罪だと一般的には考えます。何か法に触れるようなことを含め、悪いことをするのが罪だと。ただし、悪いことをしなくても、心の中で悪いことを思ったら罪であると、イエス様もおっしゃっている。だから、すべての人は罪を犯しているので、罪の赦しが必要である。これはまさにその通りであります。

そして、罪の赦しとは、行いの罪と思いの罪をキャンセルして、なかったことにしてくれることと教えられることが多いわけです。これら、すべて間違ってはいないですね。皆さんがこれまで教えられてきたとおり、それは間違ってはいない。しかし、このような捉え方は、罪を人の行為と思いの中に限定した捉え方であるとも言えます。このように考えているだけだと、罪と赦しが考え事になってしまいます。考え事の世界の中で、罪とはこういうことなんだ、罪が赦されるとはこういうことなんだと考え事として、罪と赦しが理解されてしまうということがあるわけです。

しかし、キリスト信仰における罪と赦しは「いのち」と「死」によって実存的に、つまり、この存在そのものによって知っていくことが必要であるということを、聖書はもっと強く私たちに語りかけています。「いのち」と「死」との関係によって罪と赦しということを理解し、そして理解するだけでなく、いのちを与えるイエス様の十字架の血を、私たちはこの存在で体験することが大切です。

聖書の中にこのように書かれています。

ある日のこと、イエスが教えておられると、パリサイ人たちと律法の教師たちが、そこに座っていた。彼らはガリラヤとユダヤのすべての村やエルサレムから来ていた。イエスは主の御力によって、病気を治しておられた。すると見よ。男たちが、中風をわずらっている人を床に載せて運んで来た。そして家の中に運び込み、イエスの前に置こうとした。しかし、大勢の人のために病人を運び込む方法が見つからなかったので、屋上に上って瓦をはがし、そこから彼の寝床を、人々の真ん中、イエスの前につり降ろした。イエスは彼らの信仰を見て、「友よ、あなたの罪は赦された」と言われた。ところが、律法学者たち、パリサイ人たちはあれこれ考え始めた。「神への冒瀆《ぼうとく》を口にするこの人は、いったい何者だ。神おひとりのほかに、だれが罪を赦すことができるだろうか。」イエスは彼らがあれこれ考えているのを見抜いて言われた。「あなたがたは心の中で何を考えているのか。『あなたの罪は赦された』と言うのと、『起きて歩け』と言うのと、どちらが易しいか。しかし、人の子が地上で罪を赦す権威を持っていることを、あなたがたが知るために——。」そう言って、中風の人に言われた。「あなたに言う。起きなさい。寝床を担いで、家に帰りなさい。」すると彼はすぐに人々の前で立ち上がり、寝ていた床を担ぎ、神をあがめながら自分の家に帰って行った。人々はみな非常に驚き、神をあがめた。また、恐れに満たされて言った。「私たちは今日、驚くべきことを見た。」

（5：17〜26）

イエス様の噂がイスラエル中に広がって、ガリラヤ地方、ユダヤのすべての村やエルサレムからパリサイ人たちと律法の教師たちが来たと言っています。彼らは教えを受けるために来たのではなくて、調査と監視に来たわけです。「このナザレのイエスという若い教師は、一体何を言うのだろうか。この人は、律法や預言者の書をどのように解釈し、どのような立場でこれを語るのか」、そのことを確かめに来たわけです。さらに、律法と預言者だけではなく、その後作られた様々な口伝の伝承や規則、そういうものに対してどのような見解を持つのか、ということを確かめに来たということです。

そういう中で、イエス様は神の御力によって病気を治しておられたと言いますから、これは本当にすごいことだと思います。監視する者たちが批判しようと思って集まっている真ん中で、主の御力によって、病気を治しておられたイエス様の御力、御思いの強さ、それを強く感じます。

「すると見よ」と聖書は私たちの注意を一つの出来事に向けさせます。男たちが中風を患っている人を床に載せて運んできたと言います。そして、家の中に運び込んで、イエス様の前に置こうとしたけれども、大勢の人のために病人を運び込む方法が見つからなかった。それで、屋上に上って瓦を剥がし、そこから彼の寝床を、人々の真ん中、イエスの前につり降ろしたと言います。これがどのような状況だったかは、当時の家がどのように作られていたかを知らないと、少しわかりにくいかと思います。

当時のイスラエルの家は、泥と砂利を混ぜて固めた日干し煉瓦を積んで壁を作り、その上に天井と屋上を作り、さらに屋上に上がる階段を壁の外に作るという構造になっていました。天井は、木の枝を編んで粘土を被せて作ったパネルのようなものを梁の上に並べて雨を防ぐようにしていましたが、さらにその上に粘土をのせてローラーで固めて屋上を作り、作業ができるようにしてありました。

ですから、この男の人たちは、中風の友人を床に載せたまま、外の階段から屋上に上り、木の枝と粘土でできているパネルを剥がして、梁の隙間から友人をイエス様のいるところに吊り下ろしたわけです。中は大変だったと思います。泥は落ちる。埃は舞う。中に座っていた人たちは泥だらけ、埃だらけになる。くしゃみをする人たちがそこにいる。「何やってるんだ！」と叫ぶ人がいる。イエス様も泥だらけになる。私がこの家の持ち主だったら、絶対怒ると思います。

ところがイエス様は、彼らの信仰を見て、「友よ、あなたの罪は赦された」と言われた。イエス様は、友人たちの信仰をご覧になったとあります。本人の信仰ではない、友人たちの信仰を見て、「友よ。あなたの罪は赦された」と言われたのです。しかし、それに対して

「このことばは、間違っているのではないか」と理屈を考え始めた人たちがいたと言います。

ところが、律法学者たち、パリサイ人たちはあれこれ考え始めた。「神への冒瀆《ぼうとく》を口にするこの人は、いったい何者だ。神おひとりのほかに、だれが罪を赦すことができるだろうか。」イエスは彼らがあれこれ考えているのを見抜いて言われます。「あなたがたは心の中で何を考えているのか。『あなたの罪は赦された』と言うのと、『起きて歩け』と言うのと、どちらが易しいか。」（5：21〜23）

イエス様は、「『あなたの罪は赦された』と言うのと、『起きて歩け』と言うのと、どちらが易しいか」と問われましたが、皆さんは、どう思いますか。どちらが易しく、どちらが難しいと思いますか。しかし、この問いは理屈を考えさせたり、答えさせたりする問いではないのです。イエス様ご自身「彼らがあれこれ考えているのを見抜いて言われた」とあります。つまり、理屈ではない答えこそが答えなのであるということを明らかにしようとしておられるのです。

「あなたにとって、どちらが易しいか」と言われたらよく分かると思います。人は神ではないので罪を赦す権威を持っていません。また、中風の人に『立って歩け』と試しに言うことはできたとしても、それを実現する能力はありません。つまり、罪を赦す権威も、この人を立ち上がらせ、歩かせる権威も持っていないのです。「どちらが易しいか」という問いに対して、「私にはどちらもできません」というのが私たちの答えではないでしょうか。それは、心の中で理屈を考えていたパリサイ人や律法学者たちも同様です。彼らにとっても、どちらも不可能なことであったのです。

それに対し、イエス様は言われました。

「人の子が地上で罪を赦す権威を持っていることを、あなたがたが知るために――。」そう言って、中風の人に言われた。「あなたに言う。起きなさい。寝床を担いで、家に帰りなさい。」すると彼はすぐに人々の前で立ち上がり、寝ていた床を担ぎ、神をあがめながら自分の家に帰って行った。人々はみな非常に驚き、神をあがめた。また、恐れに満たされて言った。「私たちは今日、驚くべきことを見た。」（5：24〜26）

聖書において「罪」とは、悪い行い、悪い思いと同じ意味、同じことではありません。聖書において、「罪」は「いのち」との関係において捉えられるものです。「罪」ということばは、もともと「的を外す」とか、「道を外れる」とか、「正しい関係の喪失」意味します。いのちの源である神様との関係が壊れることによっていのちが失われる。そして、それこそが死であるというのが、聖書が創世記の最初から教えることであります。次のように書かれています。「神である主は、その大地のちりで人を形造り、その鼻にいのちの息を吹き込まれた。それで、人は生きるものとなった」(創世記2：7)。人は神の姿を映す者として造られたもの、その鼻にいのちの息を吹き込まれたもの、それが人である。神のいのちの息によって生きるもの、それが人であると聖書は言うのです。

ところが人は、神が命じられたただ一つの戒めを守らなかった。神は人に命じられました。「あなたは、園のどの木からでも思いのまま食べてよい。しかし、善悪の知識の木からは、食べてはならない。その木から食べるとき、あなたは必ず死ぬ」(創世記2：16〜17)と。善悪の知識の木の実を食べるとは、神様を基準にするのではなくて、自分の思いと、自分の都合を善悪の基準とするということです。その時に、神様との関係が壊れると神様は警告なさった。神様とのいのちの関係が壊れ、人は神様から頂いたいのちを失い、必ず死ぬものとなると言われたのです。ですから、聖書において「罪」とは、神様との関係を自ら壊してしまい、死ぬべきもの、死に定められたものになってしまっている状態を言うのであります。罪と悪い行為が同じ意味ではないということは、このことから理解することができるでしょう。

さらに、今日の箇所を読んでも、私たちが悪いと思うこととイエス様が「罪」と言っておられることが別物であることがわかります。この中風の人の友人たちは、他人の家の屋根に穴を開けましたが、日本人ならこれを悪い行為と考えるのではないでしょうか。今の日本だったら、器物損壊罪に問われるでしょうし、損害賠償も求められることにもなるでしょう。裁判所に訴えられたら、絶対負けますね。ところがイエス様は、それを罪とは呼ばれず、むしろそれを信仰と呼ばれました。このように、聖書が言う罪と私たちが悪い行為と考えるものは、同じものではないのです。

罪は、神から頂いたいのちが欠けた状態であります。病気も神から吹き込まれたいのちが欠乏した状態です。ここでイエス様は、この中風の人の罪を赦し、病気を癒すのは神のいのちであるということを理屈によってではなく、実力をもって示しておられるのです。

イエス様は、中風の人を立ち上がらせることによって、この人の全存在に神のいのちが注がれ、この人が神のいのちに満たされたことを証しなさいました。神のいのちを満たすことによって、罪は赦され、病気は癒されるのだ。罪の赦しの本質は、神との関係の回復であり、神のいのちを満たしていただくこと。それこそが罪の赦しの本質であり、病も神のいのちの満たしによって癒される。これを体現なさったのがイエス様だったのです。

皆さんどうぞ、知っていただきたいと思います。イエス様は、人の良し悪しを問題になさらない。人がどんなに「あの人は悪いやつだ。あの人は罪人だ」と言っても、イエス様はそんなことは全然問題になさらないのです。イエス様は、自分のところに助けを求めて来た者たちを退けられたことは、一度もありませんでした。一度、外国人の女性が悪霊につかれた娘を癒してほしいと懇願したとき、はねつけられたことはありましたが、この女性が信仰をもって食い下がったとき、「あなたの信仰は立派です」と絶賛なさり、その娘を癒やされました。イエス様は、私たちがどんなに悪くても、どんな罪人と言われても、「助けてください」「救ってください」とイエス様に近づき、食い下がるとき、決して私たちを退けることはないのです。

イエス様は、神からのいのちを失った人にいのちを満たすために来られました。神からのいのちを失った人というのは、誰だったのでしょうか、私たち一人ひとりではなかったでしょうか。しかし、神からのいのちを失って死の恐怖に怯え、死に縛られた私たちを救うためにイエス様はやって来られました。十字架の本質は、神からのいのちを失って滅んでいく人に、イエス様の血、すなわち神のいのちそのものを注ぎ、満たすものです。それが十字架の本質なのです。

最後に、「イエスは彼らの信仰を見て、『友よ、あなたの罪は赦された』と言われた」という箇所を少し詳しく見ておきたいと思います。ここで「赦された」と訳されている原文は、受動態の完了形で書かれています。「赦された状態にある」という意味です。新約聖書翻訳委員会訳（岩波書店）では、「人よ、あなたの〔もろもろの〕罪は、あなたには〔もう〕赦されている」と訳しています。「あなたのもろもろの罪はすでに赦されている。なぜなら、あなたの友人たちが困難を乗り越え、あなたを私のところまで連れて来たからだ。神があなたにご自身のいのちを注いでくださっている。」

いのちの欠乏した中風の男性、自分でイエス様のところに歩いて行くことも、自分の口で自分の罪を告白することもできなくなっている人を友人たちが力を合わせてイエス様のところに担いで連れて来た。イエス様なら必ず癒してくださると信じて、人の非難も恐れずイエス様の前に吊り下ろした。イエス様はおっしゃるのです。神の救いの業、この人にご自身のいのちを注ぐ神の業はすでに始まっていると。

イエス様はこの人に呼びかけられました。「人よ」と。新改訳聖書2017では「友よ」と訳されていますが、原文では「人よ」です。イエス様が話しておられたヘブライ語では「アダムよ」です。

人（アダム）が善悪の知識の木の実を食べ、神様の御顔を避けて木のかげに隠れていたとき、神様は人に呼びかけられました。「アダムよ。あなたはどこにいるのか」と。神様から頂いたいのちを失い、隠れている人を探し求められた神様。人（アダム）がご自分のところに帰ってくるのを今か今かと待ち焦がれておられる神様。イエス様は、この神様のお心をご自分の心としてお持ちのお方でした。そして、この友人たちに連れて来られた中風の人に言われるのです。「人よ。アダムよ。よく帰って来た。お前のもろもろの罪は赦されているぞ。お前のいのちは回復されるのだ」と。

神様は、罪を犯し、いのちを失った私たち人が神様のところに帰ってくるのを、今か今かと待ってくださっているのです。いのちの欠乏を感じて、自分の決心で神様のところに帰ることができる人もいるでしょう。一方、いのちの欠乏に苦しんでいるが、自分の決心では神様のところに帰れない人もいると思います。そもそも、どうすれば神様のところに帰ることができるのか分からない。そういう人も多いと思います。私自身がそうでした。

私は、キリスト伝道者の家庭に生まれ、小さい時からクリスチャンとして育ちました。しかし、所属団体の創始者の先生が天に召された後、その団体は大混乱に陥りました。創始者を神格化したい中枢部の方針に私の両親が最後まで抵抗したため、両親は中枢部から攻撃され、私自身精神的に深い傷を負い、信仰を失ってしまいました。大学生の時には、毎晩のように悪夢に苦しめられ、酒を飲みながら夜の時間を潰すような生活を続けているうちに、心も体も病んでしまいました。

しかし、そんな私のために祈ってくれていた友がいました。その友の祈りによって、私は再び礼拝に行くようになったのですが、どうやったら神様のところに帰ることができるのかわかりませんでした。そんな中、時間を持て余していたこともあり、何気なく申し込んだ夏の大きな集会に参加しました。その二日目の夜、当時東京で伝道しておられた高橋恒男先生が、私の頭に手を置いて一言祈ってくださった。「天のお父様、この兄弟をその名のように導いてください」と。その時、私は圧倒的なイエス・キリストの十字架の血、神のいのち、聖霊を注がれ、立ち上がりました。キリスト伝道者としての歩みはその時から始まったのです。

私たちは、自分のいのちが欠乏していることを自覚しても、どうやって神様のところに帰ったらよいか分からず、途方に暮れることがあります。しかし、あなたの友があなたに対する愛をもって、信仰を働かせて、あなたを神様のところに連れてこようとした時に、すでにあなたへの神様のいのちの注ぎは始まったのだとイエス様は言われるのです。「イエスは彼らの信仰を見て、『友よ、あなたの罪は赦された』と言われた。」これは非常に重要です。イエス様は、友のために祈る私たち、友をイエス様のところに連れて来ようとする私たちをそれほど信頼してくださっているということです。私たちが友のために祈る祈りを信頼してくださっているお方がいる。

信仰は考え事ではありません。友のために祈りはじめる。その時、友のいのちの回復のプログラムは開始するのです。この愛が、イエス様の愛と呼応する。イエス様は、必ずいのちを注いでくださいます。諦めてはなりません。友のために祈りましょう。友と共に祈りましょう。友が祈れない時、私たちが友に代わって祈りましょう。その祈りは必ず聞かれる。私たちと共に祈ってくださっているお方がいるからです。

同じように御霊も、弱い私たちを助けてくださいます。私たちは、何をどう祈ったらよいか分からないのですが、御霊ご自身が、ことばにならないうめきをもって、とりなしてくださるのです。人間の心を探る方は、御霊の思いが何であるかを知っておられます。なぜなら、御霊は神のみこころにしたがって、聖徒たちのためにとりなしてくださるからです。(ローマ8:26〜27)

祈りましょう。

自己分裂の中から（第7章1～10節）

イエス様の福音の宣教は、当時ローマ帝国の支配下にあったイスラエルの地で開始されました。イエス様ご自身はユダヤ教の中で生き、ユダヤ教徒としての生涯を全うされますが、イエス様の福音は、ユダヤ教の範囲を超えて、ローマ帝国の中に広がり、ユダヤ人以外の人たちがイエス様を信じるようになっていきました。その中にはローマ軍の百人隊長もいたということが、「福音書」や「使徒の働き」に記録されています。今日の箇所は、カペナウムに駐留していた百人隊の隊長のイエス様に対する信仰の記録です。

イエスは、耳を傾けている人々にこれらのことばをすべて話し終えると、カペナウムに入られた。時に、ある百人隊長に重んじられていた一人のしもべが、病気で死にかけていた。百人隊長はイエスのことを聞き、みもとにユダヤ人の長老たちを送って、自分のしもべを助けに来てくださいとお願いした。イエスのもとに来たその人たちは、熱心にお願いして言った。「この人は、あなたにそうしていただく資格のある人です。私たちの国民を愛し、私たちのために自ら会堂を建ててくれました。」

そこで、イエスは彼らと一緒に行かれた。ところが、百人隊長の家からあまり遠くないところまで来たとき、百人隊長は友人たちを使いに出して、イエスにこう伝えた。「主よ、わざわざ、ご足労くださるには及びません。あなた様を、私のような者の家の屋根の下にお入れする資格はありませんので。ですから、私自身があなた様のもとに伺うのも、ふさわしいとは思いませんでした。ただ、おことばを下さい。そうして私のしもべを癒やしてください。と申しますのは、私も権威の下に置かれている者だからです。私自身の下にも兵士たちがいて、その一人に『行け』と言えば行きますし、別の者に『来い』と言えば来ます。また、しもべに『これをしろ』と言えば、そのようにします。」

イエスはこれを聞いて驚き、振り向いて、ついて来ていた群衆に言われた。「あなたがたに言いますが、わたしはイスラエルのうちでも、これほどの信仰を見たことがありません。」使いに送られた人たちが家に戻ると、そのしもべは良くなっていた。

（7：1〜10）

この文章に書かれている出来事を理解するのは難しくないでしょう。物語としては単純です。しかし、イエス様が「イスラエルの中にも、これほどの信仰を見たことがない」とまでおっしゃった百人隊長の信仰がどのようなものであったのか、それは私たちが「立派な信仰」という言葉によってイメージするものと同じなのか、一度立ち止まって考えてみる必要があると思います。そのためには、当時の社会状況とこの百人隊長が置かれていた社会的立場を理解しておくことが必要です。

新約聖書には、この人を含め4人の百人隊長が登場します。あとの3人の内の一人はイエス様の十字架刑を執行し、その死のありさまを見て「この方こそ、まことに神の子であった」と告白した百人隊長、二人目はローマ人で初めてのクリスチャンとなったカイザリアの百人隊長コルネリウス、最後は、伝道者パウロをカイザリアからローマに護送する中でパウロを信頼するようになった百人隊長です。これら3人の百人隊長は、ローマ総督の指揮下にあるローマ人でしたが、今日の箇所に出てくる百人隊長はローマ人ではありませんでした。

この人はカペナウムの治安維持を担当していたことがこの箇所から分かりますが、カペナウムはローマの直轄領ではなく、ローマ皇帝によって国主として分封されたヘロデ・アンティパスが治める地域でした。ヘロデ・アンティパスは、ガリラヤの軍事的拠点や行政上の要所に百人隊を配置していましたが、カペナウムは、このガリラヤ地方の都市でメソポタミアとエジプトを繋ぐ交通の要衝であったため、ここにも百人隊が配置されていました。ただ、ヘロデ・アンティパスはローマ人ではなかったので、ローマ人の隊長や兵士を指揮することはできません。ユダヤ人でもローマ人でもない外国人の傭兵隊を雇っていたと考えられています。米国占領下にあった日本の総理大臣が米軍を指揮できなかったことを考えるとわかりやすいかと思います。ですから、ここで登場する百人隊長は、そのような外国人の傭兵隊の隊長で、ヘロデ・アンティパスに雇われ、その配下にあったと考えられます。

では、ヘロデ・アンティパスとはどのような人物だったのでしょうか。彼は、兄弟ピリポの妻ヘロディアを奪って自分の妻とした人です。洗礼者ヨハネにその罪を指弾されますが、悔い改めることなく、かえってヨハネを捕らえて死海東岸のマケルス要塞に幽閉し、最終的にはヨハネを惨殺し、イエス様のいのちを狙うようになっていくのがヘロデ・アンティパスです。彼は、洗礼者ヨハネとイエス様が進めていた「神の国運動」に敵対し、それを潰そうとしていたのです。ですから、この百人隊長は、自分が仕えている国主ヘロデ・アンティパスが圧迫を加えようとしているイエス様に助けを求めたということになるわけです。

ローマ帝国における百人隊長は千人隊長の指揮下にありましたが、実際の戦闘や治安維持における現場責任者でありました。配下の兵士に対する絶対的な権限を持ち、自分の命令に従わない兵士を死刑にする権限も持っていました。また、自分の上級士官に対しては、絶対服従しなければいけない。そして、軍事的な失策に対しては、死刑も与えられる。そういうような立場にあったのが、百人隊長でした。

このような絶対的な指揮命令系統の中で自分の任務を果たしながら、この百人隊長はカペナウムのユダヤ人たちとの間に良好なコミュニケーションを保ち、信頼関係を築くことが重要だと考える思慮深い人だったようです。ユダヤ人の長老たちは、この人の願いをイエス様に伝えた時、次のように言っています。「この人は、あなたにそうしていただく資格のある人です。私たちの国民を愛し、私たちのために自ら会堂を建ててくれました。」軍事的な力をもってユダヤ人たちを抑え込もうとするのではなく、ユダヤ人の長老たちとの対話を重視し、ユダヤ人たちの保護に尽力した人であったということは確かであると思います。そしてカペナウムに会堂を建ててくれた立派な人だと。

今もカペナウムには会堂の遺跡が残っていますが、かなり大きな会堂があったことが分かります。今残っているのはビザンチン帝国時代のものですが、その下の層にイエス様の時代の会堂の土台が残っています。この百人隊長が会堂建設に必要な資金を出したのか、その一部を拠出したのかは分かりませんが、その建造に大きな貢献があったことをユダヤ人の長老たちは高く評価していました。この人は、ヘロデ・アンティパスに仕える百人隊長でしたから、ユダヤ教に改宗してユダヤ人になることはありませんでしたが、イスラエルの神に心惹かれ、この神を信じる心を持つようになっていたと考えられます。

ある日、この百人隊長に重んじられていた僕が死にかけました。僕というのは奴隷のことですが、ローマ時代の奴隷には、農場奴隷、家内奴隷、高度専門職奴隷、それから従者奴隷という4種類ぐらいの奴隷がいました。ローマ時代の貴族は労働しませんでしたから、労働に関わることは全部奴隷がしていたのです。この内、農場は所有者に多大の利益をもたらす労働をさせられていたため、農場奴隷は過酷な労働を強いられていましたが、そのほかの奴隷は、今の日本で言えば、サラリーマンのような存在に近いという研究者もいます。

家内奴隷には、乳母や養育係、家庭教師、給仕や家事をする人、筆記や代読をする人、使い走りなどがいました。さらに、高度専門職奴隷というのがいました。これは主人に学問を教える教師、主人の財産を管理する会計士、医師、それから秘書など、専門的な知識がなければできない仕事をする奴隷でした。そして、従者奴隷と呼ばれる人たちもいました。これは、主人の子どもの教師から同じ教育を受け、一緒に育てられ、その生涯にわたって主人の子どもの従者となる者です。私たちは、奴隷というとアメリカのプランテーションで働かされていた奴隷のことを思い浮かべることが多いと思いますが、ローマ時代の奴隷はそれとは随分違ったようです。特に、家内奴隷、高度専門職奴隷、従者奴隷は、自分で財産を築くこともできたそうです。

ここで、この百人隊長に重んじられていた奴隷が病気で死にかけていたと言います。外国人の傭兵隊の隊長であったこの百人隊長がカペナウムでどれほどの奴隷を所有していたかはわかりませんが、高度専門職奴隷であったか、あるいはこの百人隊長と小さい時から一緒に育った従者奴隷であったかもしれません。この百人隊長にとってなくてはならない友であった。その友が病気にかかって死にそうになっている。

百人隊長は、イエス様にこの友を癒してもらいたいと思います。彼はこの地方の治安維持を担っていましたから、配下の兵士たちを巡回させ、カペナウムで起ることを逐一報告させていました。その報告の中で際立っていたのがナザレのイエスが行っておられた宣教と癒しの業でした。彼は配下の兵士たちからの報告を聞いて、イエスこそ真の神の子であるとの確信を持つようになりました。当時ローマ帝国において、「神の子」とはローマ皇帝の別称でした。彼は考えます。ここにローマ皇帝よりも偉大な真の神の子がいると。本当は、彼はイエス様に会ってみたかったに違いありません。彼は、ユダヤ人の長老たちとの対話を通してイスラエルの神を信じるようになり、会堂建設のために私財を投じた人です。そのイスラエルの神を体現している人がすぐ近くにいる。このイエスなら、この僕を癒すことができるはずだ。このお方にお願いしたい。しかし、彼は考えるのです。自分はイエスに会う資格はないと。自分は、ヘロデ・アンティパスの配下にあるものとして、イエスを監視すべき立場にある。もし何か少しでも反ローマ的活動、反ヘロデ的運動が起こったら、それを潰しに行かなければならない立場にある。それで、自分でイエス様のところに直接頼みに行くのではなく、ユダヤ人の長老たちを送って、自分の僕を助けに来てくださいとお願いしたわけです。

ユダヤ人の長老たちは、イエス様に言います。この百人隊長はそうしていただく資格がある人だと。ユダヤ人ではないけれども、この人にはその資格があると。イエス様は、その言葉を聞いて、百人隊長の家に向かわれます。イエス様もこの百人隊長がヘロデ・アンティパスの配下にあるということを重々承知の上で行くわけです。イエス様を取り巻く人たちの中に少しでも反ローマ的な言動をする人がいたら、その人とイエス様を逮捕する権限を持っている、いやむしろ逮捕しなければならないのがこの百人隊長です。そして、その上にはヘロデ・アンティパスがいる。そういう状況の中で、「よし、わたしが行こう」と言って向かわれたイエス様は、本当にすごいお方です。

ところが今みたいに携帯電話があるわけではありません。LINE《ライン》などで、「イエス様はこれからそちらに向かわれます」とかメッセージを送るわけではありません。どれだけ時間がかかったかは分かりませんが、イエス様が百人隊長の家に近づいて来た時に、先生が間もなく到着するという知らせが入った。長老たちがイエス様のところに頼みに来た時には、百人隊長の奴隷も一緒にいたはずなので、その人が走ってイエス様が間もなく到着するとの知らせを伝えるわけです。

するとそこで、期待とともに躊躇する思いが、この百人隊長の中に生まれました。ヘロデ・アンパスの配下にある自分の家にイエス様をお迎えする資格は、自分にはない。ユダヤ人の長老たちは、あの人には資格がありますと言いましたが、この人は自分にはその資格はないと思う。そして言います。「主よ、わざわざ、ご足労くださるには及びません。あなた様を、私のような者の家の屋根の下にお入れする資格はありませんので。ですから、私自身があなた様のもとに伺うのも、ふさわしいとは思いませんでした」と。(なお、「私のような者」と訳されている「ような者」は原文にはありません。直訳すると「私の家の屋根の下」です。114頁参照。)そして言います。

「ただ、おことばを下さい。そうして私のしもべを癒やしてください。と申しますのは、私も権威の下に置かれている者だからです。私自身の下にも兵士たちがいて、その一人に『行け』と言えば行きますし、別の者に『来い』と言えば来ます。また、しもべに『これをしろ』と言えば、そのようにします。」(7:7〜8)

配下の兵士に対する絶対的な権限を持っていたのが百人隊長です。この人は自分の命令に従わない兵士を死刑にする権限も持っていました。また、自分の上級士官に対しては、絶対服従しなければならない。軍事的な失策に対しては死刑も与えられる。そういう立場にあったのが、百人隊長でした。この人が「私も権威の元に置かれているものである」というのはこのことを意味します。「私は上の者の言葉には必ず従う。そして、私の下の者は私の言葉に必ず従う。いのちを与え、いのちを取る、そういう権威の元に私は生きている。だから、権威とは何かということを私は知っている」と言ったのです。これが何を意味するかというと、「私も私の僕も、あなたの配下にあります。あなたの僕です。あなた様は、私たちにいのちを与え、いのちを取る権威をお持ちのお方です」ということです。「あなたこそ、全世界を言葉によって創造し、言葉によって治める絶対的王です。病さえあなたに従います」と、彼は告白しました。

すると、イエス様は大変驚き、振り向いてついて来た群衆に言われました。「あなたがたに言いますが、わたしはイスラエルのうちでも、これほどの信仰を見たことがない」と。この人に信仰があったというのです。この人は自分には資格がないと言いましたが、今の私たちが信仰について語る時、「資格がない」と言えば、「神様に祝福してもらう資格がない」とか「救われる資格がない」「癒していただく資格がない」というような意味で使うと思います。しかし、この百人隊長は「私には資格がない」と言いつつ、「私の僕を癒してください」「あなた様のお言葉だけで私の僕は癒されます」と懇願しました。

ここで、皆さんに考えていただきたいのですが、この人はイエス様と何か取引しているでしょうか。「私は、今までヘロデ・アンティパスの家来として生きてきました。しかし、この僕を癒していただくために、今日からヘロデ・アンティパスの家来であることをやめます」と言ったでしょうか。言っていませんね。これは、私たちにとって非常に重要なことです。私たちは、神様といろいろ取引しようとするのです。「これからこういうふうにするから、神様、私を助けてください」とか「これからクリスチャンらしく生きますから」「これから毎週日曜日礼拝に出ますから」「これから毎日聖書を読んで祈りますから、だから、この苦しいところから助けてください」と。

宗教指導者の中にも、そのように言う人はいます。「困ったときだけ祈っても、聞かれるわけないでしょう。やっぱり普段から信仰生活しっかりしないとね」と言うのは、もっともらしく聞こえますが、神様の助けを受けるためには、信仰的な資格が必要だと言っているのに等しいのです。このように、私たちは神様に交換条件を出して助けてもらいたいという思いを持つことが多いと思います。しかし、神様は私たちの交渉相手ではないのです。

この百人隊長は、この後もヘロデ・アンティパスの家来であり続けました。ユダヤ教に改宗することもありませんでした。彼は、百人隊長としての生き方を変えることはできなかったのです。だから、そういう意味において、彼は自分にはイエス様にお願いする資格はないという自覚を持ち続けた。直接お願いする資格はない。イエス様を自分の家に入れる資格はないという思いを彼は持ち続ける一方で、イエス様こそ言葉によって世界を創造し、治め、病をも従わせる全世界の王であると告白するわけです。分裂しているとは思いませんか。「もし、そのように告白するんだったら、あなた、生き方変えなさいよ。クリスチャンらしく生きなさいよ」って言いたくなるのではないでしょうか。しかし、イエス様はこのような自己分裂、自己矛盾の中から出てきた信仰告白を聞いて非常に驚かれ、これを偉大な信仰と呼ばれたのです。

私たちはどうでしょうか。あなたにはその資格はありますかと聞かれたら、私にはその資格はないと思うことがあるのではないでしょうか。私たちは、自分を見たら変えられない自分を自覚します。しかし、もう一方で「イエス様、あなたこそ言葉によってすべてのものを創造なさった方です。イエス様、あなたはいのちを与え、いのちを取る権威をお持ちの方です。イエス様、お言葉をください。あなたの言葉をください」という思いがある。イエス様は、それを喜んでくださっているということなのです。私たちは誰も人に誇れるような、また神様に向かって誇れるような信仰を持つことはできません。私たちは自分自身を変えられないのですから。しかし、その中にあって、「主様、お言葉をください。あなたがお言葉をくだされば、あなたの言葉のとおりになります」と告白することが許されている。

今日は、皆さん、このことをぜひ心に覚えて帰っていただきたいと思います。私たちは、自分を自分の意志によって変えられるから、立派な信仰を持っているということにはならないのです。表面的なところでは、変えられるところはいくらでもあります。しかし、一番深いところでは、自分自身をどうすることもできない。変えられない自分、それを私たちは知っています。私も知っています。しかし、その中から「あなたこそ言葉によってすべてを創造し、治め、支えておられる方、いのちを与え、いのちを取る権威をお持ちのお方です。あなたのお言葉をください」と祈る私たちを喜んでくださっている方がいるのです。

祈りましょう。

この存在の真の願いを知る神（第7章18〜23節）

皆さんは、どのような願いを持っていらっしゃるでしょうか。私たちは、さまざまな願いを持ちながら、人生の道を歩きます。若い時は、人生が成功することを願い、また、多くの知識を身につけることや、スポーツができるようになることを願い、あるいはいろいろな出会いを求める。家族となる人を求める。中年になった時には、社会的な影響力を持つことを願ったり、子どもの成功を願ったりします。老年になったら日々が平穏であることを願うようにもなるでしょう。神様は、私たちのそれらの願いを聞いてくださっていて、私たちが必要な時に、それらのものを備えて導いてくださる。

しかし、もう一方で、あなたの究極の願いは一体何でしょうか、あなたの魂の願い、あなたの存在そのものが願っていることは一体何でしょうか。私たちには体の欲求もありますし、社会的な欲求、認められたいという願い、また自己を実現したいという願いもあります。さらに、仕事や人間関係の中で困ったことがあった時には、それが解決されることも、私たちの願いではあります。しかし、それらが自分の究極の願い、存在そのものの願いかというと、そうではないように思います。

私たちは、自分自身の本質が何を本当に願っているのか、何を切望しているのか、ということを知ることが必要です。そうでなければ、自分の肉体の欲求や欲望、揺れ動く心の欲求に振り回されて自分を見失い、疲れ果ててしまうということにもなります。

今日の聖書の箇所は、権力者の罪を糾弾したために牢獄に繋がれている洗礼者ヨハネがイエス様と最後のコミュニケーションを図ったところです。洗礼者ヨハネの真の願い、実存の願いは何であったのか。イエス様はヨハネの問いかけにどのようにお答えになったのか。それはヨハネにとってどのような意味があったのかを共に学びたいと思います。ヨハネとイエス様のコミュニケーションで何が行われたかということを理解するために、言葉の字義的な意味と、言葉が伝えようとしていることの間にずれがあるということを知っておくことは有用です。

言語学の中に語用論という研究分野があります。人が話す文の字義的な意味は、それに含まれる語の意味を文法によって組み合わせることによって決まるのですが、実際のコミユニケーションでは、文がこのような字義的な意味とは異なった意味を持つことがあります。そのような現象がどのような原理に基づいて生じるのか、なぜ人は字義的な意味とは異なった意味を理解することができるのかを研究する分野が語用論です。聖書のメッセージを語る私がここで語用論について説明するのは、聖書に含まれる会話の中には、語用論によって理解しなければならないと考えられる箇所がいくつもあるからです。字義的な意味だけをもとに聖書を読んでいると、会話の中でやりとりされている字義を超えた本当の意味を捉え損なってしまうからです。

語用論を説明する時、次のような例がよく使われます。冷房が効きすぎている教室で、教師がエアコンのコントローラーのそばに座っている学生に向かって「寒くありませんか」と言えば、その学生は冷房を切ったり、設定温度を上げたりします。「寒くありませんか」の字義的な意味は、「私は、あなたが寒いと感じていると考えるが、私の考えが正しいかどうか答えなさい」です。ですから、字義的な意味に対する答えは「はい、寒いです」「いいえ、寒くありません」となります。ところが、エアコンのコントローラーのそばに座っていた学生は、教師の「寒くありませんか」という言葉が「寒すぎるのでエアコンの温度を調節してください」という意味だと解釈して、そのような行動を取ったということになります。

教師とこの学生との間には、字義的な意味を超えたコミュニケーションが成立しています。一方、この教師がエアコンのコントローラーのそばには座っていない学生に「寒くありませんか」と質問しても、誰もエアコンの温度を調節しようとはせず、単に「はい、寒いです」「いいえ、寒くありません」と答えて終わりになります。なぜ、このような違いが生じるのでしょうか。

これには、話し手と聞き手が共有している知識、あるいは共有していると仮定している知識の有無が関係していることが分かっています。エアコンのコントローラーのそばに座っている学生は、自分が最もエアコンの設定温度を調整しやすい場所にいることを知っています。また教師も、その学生がそのことを知っていると仮定しています。このように知識が共有されている、あるいは共有されていると仮定されている状況においては、「寒くありませんか」という言葉が、「温度を調節してください」という意味を持つ文として機能し、聞き手である学生の行動を促すことになるのです。ところが、エアコンのコントローラーのそばに座っていない学生は、自分が室温を調節できる場所にいるとは考えていないし、教師もそのように仮定していないので、単なる字義的な質問と答えにしかならないのです。

このように、話し手と聞き手の間にどのような共有知識があるか、あるいは、あると仮定されているか否かによって、表面的には同じ言葉がまったく異なった意味を持つ文として機能することになるのです。

今日の箇所は、洗礼者ヨハネとイエス様との最後のコミュニケーションが記されているところですが、これを語用論の観点から解釈すると、二人の深い信頼関係が浮かび上がってきます。洗礼者ヨハネは、イエス様の先駆けとして、罪の赦しを得させる神への立ち帰りのバプテスマによって神の国運動を推進していました。ところが、国主ヘロデ・アンティパスが兄弟ピリポの妻ヘロデヤを奪い、自分の妻とした罪を指弾し、神への立ち帰りを強く求めたため、ヘロデ・アンティパスによって捕えられ、死海東岸のマケルス要塞に幽閉されます。

イエス様は、ヨハネが捕らえられた時に、ご自分の時が来たことを知り、伝道を開始なさいましたが、それは、貧しい者たち、差別され虐げられている者たちへの福音、そして病気の癒しと悪霊の放逐による神の国の推進運動でした。

ヨハネは、マケルス要塞から二人の弟子たちをイエス様のもとに派遣するのですが、その時の様子が次のように記されています。

さて、ヨハネの弟子たちは、これらのことをすべてヨハネに報告した。すると、ヨハネは弟子たちの中から二人の者を呼んで、こう言づけて、主のもとに送り出した。「おいでになるはずの方は、あなたですか。それとも、ほかの方を待つべきでしょうか。」その人たちはみもとに来て言った。「私たちはバプテスマのヨハネから遣わされて、ここに参りました。『おいでになるはずの方は、あなたですか。それとも、ほかの方を待つべきでしょうか』と、ヨハネが申しております。」

ちょうどそのころ、イエスは病気や苦しみや悪霊に悩む多くの人たちを癒やし、また目の見えない多くの人たちを見えるようにしておられた。イエスは彼らにこう答えられた。「あなたがたは行って、自分たちが見たり聞いたりしたことをヨハネに伝えなさい。目の見えない者たちが見、足の不自由な者たちが歩き、ツァラアトに冒された者たちがきよめられ、耳の聞こえない者たちが聞き、死人たちが生き返り、貧しい者たちに福音が伝えられています。だれでも、わたしにつまずかない者は幸いです。」（7：18～23）

洗礼者ヨハネは祭司ザカリアと妻エリサベツが老年になってから生まれた子どもでありました。彼らは、自分たちのところに男の子が生まれて、祭司の家を継いでくれることを願っていました。しかし、ザカリアが神殿の中で香を焚く奉仕をしている時に、御使いガブリエルが現れて、次のように告げました。

「その子は主の御前に大いなる者となるからです。彼はぶどう酒や強い酒を決して飲まず、まだ母の胎にいるときから聖霊に満たされ、イスラエルの子らの多くを、彼らの神である主に立ち返らせます。彼はエリヤの霊と力で、主に先立って歩みます。父たちの心を子どもたちに向けさせ、不従順な者たちを義人の思いに立ち返らせて、主のために、整えられた民を用意します。」（1：15〜17）

イスラエルの救い主到来の道備えをする最大の預言者となるのだと御使いに告げられるのです。ザカリアは、もし子が生まれるならば、その子を祭司となるべく育てたいと考えていたことは、間違いのないことであります。しかし、ザカリアの願いを超える神の働きに生まれる前から自分の子が召されているということを知り、祭司職を継ぐ者としてではなく、むしろ預言者としてヨハネを育て上げていくのです。（このことについて本書第1章をご覧ください。）そのように生まれ、また育てられたのが洗礼者ヨハネでありました。そして、ヘロデ・アンティパスがガリラヤの領主であった時に、罪の赦しを得させる神への立ち帰りのバプテスマを荒野で宣べ伝えた。すると、ユダヤ全土とエルサレムの住民が自分の罪を告白して、ヨルダン川でヨハネからバプテスマを受け、そして、新しく神への立ち帰りの道を歩み始めるというバプテスマ運動が展開されていくことになるわけです。

多くの人たちが、ヨハネがメシア、イスラエルの救い主なのではないか、来るべき方なのではないか、という期待を持っていた時に、ヨハネは告白して言いました。「私はメシアではない。私は水で、あなたがたにバプテスマを授けているが、私よりも力のある方が来られる。私は、その方の履物の紐を解く資格もない。つまり、この方の奴隷として仕えることすらできないほどの方が来られる。その方は、聖霊と火であなた方にバプテスマなさる（聖霊と火の中にあなた方を浸される）」と。ヨハネは、自分はメシアではない、メシアの先駆けとなる者である、道備えをしているのであると言いましたが、その思いは何であったか。それは、メシアがやってくるのを待望する、メシアの現れを待ち望むというのが、ヨハネの思いであった。

ですから、ヨハネの福音書では、このようにヨハネは語っています。

そして、ヨハネはこのように証しした。「御霊が鳩のように天から降って、この方の上にとどまるのを私は見ました。私自身もこの方を知りませんでした。しかし、水でバプテスマを授けるようにと私を遣わした方が、私に言われました。『御霊が、ある人の上に降って、その上にとどまるのをあなたが見たら、その人こそ、聖霊によってバプテスマを授ける者である。』私はそれを見ました。それで、この方が神の子であると証しをしているのです」(ヨハネ1：32～34)。

ヨハネは、イエス様の上に聖霊が降り、その上にとどまったのを見た時に、この方こそメシアであるということを聖霊によって知らされたのです。単に思ったのではない。それは、彼の中で揺らぐことのない確信として、その後の生涯を導き続けるものとなりました。

ところが、その頃ガリラヤの領主ヘロデ・アンティパスがその自分の兄弟ピリポの妻、ヘロディアを奪い、自分の妻にするという罪を犯しました。それに対して、ヨハネは神への立ち帰りを迫り、黙らなかった。それは、単にヘロデを糾弾して、罪を認めさせようとするだけではなくて、ヘロデに真に神に立ち帰ってもらいたかったのです。彼にはヘロデに対する愛があった。しかし、ヘロデ・アンティパスはヨハネを死海東岸のマケルス要塞に投獄しました。

ヨハネが願ったことは何だったのでしょうか。その真の願い、存在の願いは何であったのか。ヨハネは、自分がイエス様に洗礼を授けた時、聖霊がイエス様にとどまったのを見ました。その時、この方がメシアであることを知った。しかし、それだけだったのです。ヨハネはイエス様の宣教活動をまったく見ていないのです。イエス様が伝道を開始なさったのは、ヨハネ逮捕後です。ヨハネがマケルス要塞に幽閉された後に、イエス様は伝道を始められた。ですから、ヨハネはイエス様の働きをまったく見ていないし、福音の言葉を1回も聞いたことがなかった。ただ、イエス様についての噂と評判を弟子たちから間接的に聞くだけでした。イエス様の先駆けとなることだけを求め、命懸けで生きてきた者が、イエス様の働きを実際に見ることはなかった。ヨハネの魂の願い、切望は、メシアがこの地に立って働いておられるのを見ること、メシアが確かに来られたその働きを自分の目で見、その耳で聞くことであったのです。

そこで、二人の弟子たちを遣わし、イエス様に伝えさせます。「おいでになるはずの方はあなたですか。それともほかの方を待つべきでしょうか」と。この言葉が何を意味するのかは、明確ではありません。中には、病人の癒しと悪霊の放逐ばかりしているイエスは、メシア本来の働きをしていない。そのため、イエスがメシアであるとの確信がヨハネの中で揺らいだと考える人もいます。また、なかなか政治的、軍事的メシアとしての運動を始めないイエスに、行動を起こすようにと促したと考える人もいます。他の解釈も可能だと思います。ただ、一つ確実なのは、メシアの先駆けとして神から選ばれたヨハネがメシアの働きを見たい、その言葉を聞きたいと切望していたということです。言うならばメシアを求める霊の渇きがあった。二人の弟子たちをイエス様のところに遣わしますが、それは単に伝言するためではなく、イエス様がなさっていることをつぶさに見、その語られる言葉を少しも聞き逃さず、ヨハネに報告させるためです。「おいでになるはずの方はあなたですか。それともほかの方を待つべきでしょうか」と問いかけたなら、必ず最善最適の答えを返してくださる。自分の弟子たちにイエス様がなさっていた業を目撃させ、その語ってお られる言葉を聞かせてくださると信頼して、この言葉を弟子たちに伝えさせたのです。

それに対しイエス様は、まさに語用論を用いた絶妙な答えを返されます。「あなたがたは行って、自分たちが見たり聞いたりしたことをヨハネに伝えなさい。目の見えない者たちが見、足の不自由な者たちが歩き、ツァラアトに冒された者たちがきよめられ、耳の聞こえない者たちが聞き、死人たちが生き返り、貧しい者たちに福音が伝えられています」と。

この言葉は預言者イザヤの書からの引用を含みます。イザヤ書からの引用によってヨハネの問いに答えられたのは、ヨハネもイザヤ書を熟知していることをイエス様は知っておられたからです。

イエス様とヨハネが深い共通した聖書知識を持っていたことは、二人がともに「神の国運動」を展開していたことから示唆されます。ヨハネもイエス様も宣教を開始した時、次のように言っています。「悔い改めなさい。天の御国が近づいたから」（マタイ3：2、4：17）。

「悔い改めよ」とは、「それまでの生き方、自分の思いを離れて、神に立ち帰れ」という意味ですが、これは神様から離れて滅びの道を行こうとしていたイスラエルに対して、預言者たちが繰り返し語りかけ、叫んだ言葉です。一方、「天の御国が近づいた」という言葉は、ヨハネとイエス様に特有です。「天」というのは天地を創造なさった神である主（YHWH）を指す間接的表現ですから、その原義は「主の王国」ということになります。ところが、この「主の王国」という表現は、旧約聖書には2回しか使われておらず、しかも、それは歴代誌に限られているのです。

イスラエルの神、主は、私の父の全家から私を選び、とこしえにイスラエルを治める王としてくださった。主はユダの中から君たる者を選び、ユダの家の中で私の父の家を、父の子たちの中で私を喜びとし、全イスラエルを治める王としてくださった。主は私に多くの子を授けてくださったが、私のすべての子どもの中から、私の子ソロモンを選び、イスラエルを治める主の王座に就けてくださった。（歴代誌第一28：4～5）

そして今、あなたがたは、ダビデの子孫の手にある主の王国に敵対しようとしている。あなたがたは大軍であり、ヤロブアムがあなたがたのために造って神とした金の子牛もあなたがたとともにある。（歴代誌第二13：8）

第一の28章5節で「主の王座」と訳されている部分を細かく正確に訳すと「主（YHWH）の王国の王座」です。そして第二13章8節にも「主の王国」という言葉があります。旧約聖書の中で「主の王国」という言葉が出てくるのはこの2箇所だけです。イエス様とヨハネが「天（すなわち主）の王国」という言葉を使っているということは、二人ともこれを含む旧約聖書を熟知していたということを意味します。

さらに、それに先立つ歴代誌第一第17章には次のような言葉があります。

あなたの日数が満ち、あなたが先祖のもとに行くとき、わたしはあなたの息子の中から、あなたの後に世継ぎの子を起こし、彼の王国を確立させる。彼はわたしのために一つの家を建て、わたしは彼の王座をとこしえまでも堅く立てる。わたしは彼の父となり、彼はわたしの子となる。わたしの恵みを、わたしはあなたより前にいた者から取り去ったが、彼からはそのように取り去ることはしない。わたしは、わたしの家とわたしの王国の中に、彼をとこしえまでも立たせる。彼の王座はとこしえまでも堅く立つ。

（歴代誌第一17：11～14）

イエス様は、ヨハネから洗礼を受けられた時に、「これは、わたしの愛する子、わたしはこれを喜ぶ」との父なる神様の声を聞き、主がダビデに約束なさった言葉が、ソロモンにではなくご自分に実現したことを自覚なさいました。この歴代誌の記事と並行的なサムエル記第二第7章16節では、「あなたの家とあなたの王国は、あなたの前にとしえまでも確かなものとなり、あなたの王座はとこしえまでも堅く立つ」とあります。この「あなた」はダビデを指しますが、歴代誌では「あなた（＝ダビデ）の王国」ではなく、「わたし（＝主）の王国」と言われている。すなわち「主の王国の中に、主の子をとこしえまでも立たせる。主の子の王座はとこしえまでも堅く立つ」という意味です。イエス様は、神様の「あなたはわたしの子」という声を聞き、主の王国を堅く立てる主の子として「主の王国運動」すなわち「天の御国運動」推進なさるのです。ヨハネも、イエス様の洗礼の時、イエス様に対する父なる神様からの声を聞き、ここに歴代誌に記されていることがイエス様において実現したことを知りました。

このように、イエス様もヨハネも歴代誌を熟知していました。しかし、この歴代誌は、私たちが現在「旧約聖書」と呼ぶものに含まれるもののなかでは、より新しい年代にまとめられた「諸書」に含まれるのです。イエス様の時代には、「律法」と「預言者」は確立していましたが、諸書に何を含めるかはまだ完全には決まっていませんでした。「歴代誌」は後にこの「諸書」に含まれることになります。イエス様とヨハネが歴代誌にだけ現れる「主の王国」という言葉に基づき、「天の御国運動」を展開したということは、二人がともに、歴代誌に精通していたことを意味します。そして、それはさらに、二人が「律法」は言うに及ばず、すでに確立していた「預言書」を熟知していたことを当然のこととして示唆するのです。

イエス様とヨハネは、「律法」「預言者」そして歴代誌について、共通の深い知識を持っていた。イエス様は、ヨハネが預言者イザヤの書を熟知していたことをご存知でした。だから、イザヤ書の言葉でお答えになったのです。

イエス様が引用なさったイザヤ書には何と書かれているか。

> その日、耳の聞こえない人が、書物のことばを聞き、目の見えない人の目が、暗黒と闇から物を見る。柔和な者は主によってますます喜び、貧しい者はイスラエルの聖なる方によって楽しむ。（イザヤ書29：18～19）

> 心騒ぐ者たちに言え。「強くあれ。恐れるな。見よ。あなたがたの神が、復讐が、神の報いがやって来る。神は来て、あなたがたを救われる。」そのとき、目の見えない者の目は開かれ、耳の聞こえない者の耳は開けられる。そのとき、足の萎えた者は鹿のように飛び跳ね、口のきけない者の舌は喜び歌う。荒野に水が湧き出し、荒れ地に川が流れるからだ。（イザヤ書35：4～6）

ヨハネの弟子たちがイエス様にヨハネの言葉を伝えた時、イエス様は病気や苦しみや悪霊に悩む多くの人たちを癒やし、また目の見えない多くの人たちを見えるようにしておられました。イエス様は、それをヨハネの弟子たちに目撃させ、イザヤ書の言葉とともに、それをヨハネに報告するようにとお命じになるのですが、それには、語られていない重要なメッセージが含まれていました。それは、「その日」「そのとき」という言葉です。このことばはヨハネへの伝言には含まれていませんが、イザヤの預言には含まれています。

「その日」というのは、神ご自身がイスラエルに来られる時を意味します。神ご自身が来られると何が起こるかをイザヤは預言しています。神ご自身がイスラエルの地に立っておられる。その日が来た。その証拠として、目の見えない者たちが見、足の不自由な者たちが歩き、ツァラアトに冒された者たちが清められ、耳の聞こえない者たちが聞き、死人たちが生き返り、貧しい者たちに福音が伝えられているのだ。預言者イザヤの預言が実現しているということを告げたのです。

ヨハネはイザヤ書に精通していましたから、イエス様がイザヤ書のどの箇所から引用なさったかはすぐに分かります。「その日」「そのとき」が今来ていることを、ヨハネはイエス様の答えから知ることができる。イエス様はそのことをよく分かった上で、このようにお答えになるのです。「ヨハネよ。あなたの真の願い、実存の願いが今、実現しているぞ！」と。

しかし、さらに大いなることが起きているぞと語っておられる。イザヤ書のこれらの箇所には含まれていないことも、イエス様は語っておられます。それは、「ツァラアトに冒された者たちがきよめられ」と「死人たちが生き返り」というところです。イエス様は特にヨハネに伝えたいことがありました。それは「死人が甦っているぞ。メシアは死に打ち勝っているぞ」ということです。ヘロデに殺害されることを予感していたヨハネは、もうマケルス要塞から生きて出ることはないと覚悟していたに違いありません。イエス様もヨハネの覚悟は分かっておられました。そのヨハネに対して、「メシアは死に打ち勝っている」とのメッセージをイエス様は送られたのです。

そして言われました。「誰でも私につまずかないものは幸いだ」と。これは、「わたしにつまずく者は災いだ」という裏の意味で語られたものではありません。イエス様は、ご自分のメッセージが確かにヨハネに伝わること、「この日」が来たことをヨハネが知ることができると、ヨハネを信頼しておられるのです。「わたしの中に希望を見出すものは幸いである」とおっしゃっておられる。ヨハネを励ましておられるのです。

しかし、仮にイエス様の思いが伝わらず、つまずいてしまった場合、それでイエス様との関係が切れてしまうということではありません。ペテロをはじめとする弟子たちは、十字架を前にイエス様につまずき、イエス様を否定して逃げ、自分自身を失ってしまいます。しかし、復活したイエス様は、そんな弟子たちを探し出し、ご自身を現し、再び愛の関係の中に招き入れてくださったのでした。そのイエス様が「わたしにつまずく者は災いである」と言われることはないのです。「幸いなるかな！　わたしにつまずかない人！」しかし、あなたがつまずいても、復活したわたしはあなたを探しに行く。再び愛の中に招き入れると語り続けておられるのです。

ヨハネは、神がイスラエルの地に来られる道備えをするために、自分が存在しているという自覚を持って生きてきた人です。神ご自身がやって来られる。神は、そのために私を創造してくださった。そのことを小さい時からずっと父ザカリヤから教えられ、自分自身もその道を歩んできた人です。彼にとっての真の願いは何だったでしょうか。ある人は言いました。牢獄から解放されることが、ヨハネの願いだっただろうと。そうではありません。イエス・キリストが神として、この地に立っておられる。それがヨハネの真の願いであったのです。だから、イエス様は、イザヤの預言が実現しているということを通して、そして、さらに死人が甦っているぞという言葉を通して、確かに今それがやってきたということをヨハネにお伝えになったのです。

自分の目でそれを見ることができなかったヨハネ。しかし、弟子たちが見たものをとおして、弟子たちが伝えたイエス様の言葉をとおして、確かにメシアがやってこられた、そのことを知るのです。このように理解すると、これに続く来週の箇所が本当によく分かると思います。

私たちにとっての真の願い、この実存の願いは何でしょうか。表面的にはいろいろな願いがあると思います。それは、人それぞれ違うでしょう。若い時の願い、中年の時の願い、老年になってからの願い、それも違うと思います。しかし、私たちの存在そのものの真の願い、それは、若い時も中年になってからも、老境に差しかかってからも変わることがありません。この実存は変わらないからです。心は変わります。しかし、実存は変わらない。私たちの真の願い、私たちの実存の願いは、イエス・キリストがこの世に王として立たれる、それを見ることではないでしょうか。イエス・キリストが立ってくださる。私たちの王が立っておられる姿、それを見ることが私たちの存在の本質の願いではないでしょうか。

そして、その時、イエス様が立ってくださっていることを、さまざまな徴をもって、現してくださる。私たちは、それを見ることによって、それを体験させていただくことによって、イエス様が確かに今、王として立ってくださっていることを知るのです。
イエス様は言われました。「あなたがたは行って、自分たちが見たり、聞いたりしたことをヨハネに伝えよ。目の見えない者たちが見、足の不自由な者たちが歩き、ツァラアトに冒された者たちが清められ、耳の聞こえない者たちが聞き、死人たちが生き返り、貧しい者たちに福音が伝えられている。わたしにつまずかない者は、幸いである」と。「幸いなるかな。私につまずかない者たち」とおっしゃった。私たちに向かって「幸いなるかな！」と語ってくださる方がいる。

祈りましょう。

※「主の王国」という表現が歴代誌にしか出てこないという事実は、ヘブライ大学のサラ・ヤフエットが指摘したものとして、手島勲矢が筆者との個人的対話において言及したものである。以下を参照せよ。Japhet, Sara (1989). The Ideology of the Book of Chronicles and its Place in Biblical Thought. Frankfurt am Main ; New York: P. Lang. なお、福音書においてイエスとヨハネに特有の「主の王国」という表現がこの歴代誌に基づくものであるという指摘は、手島によるものである。

神のしもべはこれによって生きる（第7章24〜30節）

私たちは、いつか必ずこの肉体をこの地上に置いて、そしてイエス様のところに戻らなければなりません。イエス様に会った時、どのような声をかけて頂きたいと思いますか。最近、そのことについてFacebook《フェイスブック》で話題になったことがありました。非常に有名なクリスチャンが、イエス様から「あなたは私の声をよく聞いてくれた。ありがとうと言ってもらいたい」というコメントをしたそうです。Facebookでは、それに共感する人もたくさんいました。あなたはどう思いますか。イエス様に出会った時、どのような声をかけてもらいたいと思いますか。聖書はこのことについてどのように言っているのでしょうか。今日私たちに与えられている聖書のことばにこのことに対する答えがあるように思います。

ヨハネの使いが帰ってから、イエスはヨハネについて群衆に話し始められた。「あなたがたは、何を見に荒野に出て行ったのですか。風に揺れる葦ですか。では、何を見に行ったのですか。柔らかな衣をまとった人ですか。ご覧なさい。きらびやかな服を着て、ぜいたくに暮らしている人たちなら宮殿にいます。では、何を見に行ったのですか。預言者ですか。そのとおり。わたしはあなたがたに言います。預言者よりもすぐれた者をです。この人こそ、『見よ、わたしはわたしの使いをあなたの前に遣わす。彼は、あなたの前にあなたの道を備える』と書かれているその人です。わたしはあなたがたに言います。女から生まれた者の中で、ヨハネよりも偉大な者はだれもいません。しかし、神の国で一番小さい者でさえ、彼より偉大です。ヨハネの教えを聞いた民はみな、取税人たちでさえ彼からバプテスマを受けて、神が正しいことを認めました。ところが、パリサイ人たちや律法の専門家たちは、彼からバプテスマを受けず、自分たちに対する神のみこころを拒みました。（7：24～30）

この箇所は、イエス様が洗礼者ヨハネについて語っておられるところですが、イエス様はヨハネにどのような声をかけられたのでしょうか。あるいは、かけられなかったのでしょうか。結論から言えば、イエス様はヨハネには声をおかけにはならなかったのです。それは、一体なぜか。それにはどのような意味であったのか。今日はそのことについてご一緒に学んでいきたいと思います。

先週私たちは、ヘロデ・アンティパスによって幽閉されていた洗礼者ヨハネが弟子たちをイエス様のところに遣わして「来るべき方はあなたですか。それとも、他の方を待つべきでしょうか」(7：19) と問わせた、という箇所を学びました。この問いは、ヨハネがイエス様に対して疑いを持ったとか、イエス様に失望したとか、あるいはイエス様に政治的、軍事的メシアとしての行動を促したということではなく、メシアとして来られたイエス様の働きがどのように行われているのか、どのように実現しているのか、ということを問わせるための質問でありました。その質問に対してイエス様は次のように答えられます。

あなたがたは行って、自分たちが見たり聞いたりしたことをヨハネに伝えなさい。目の見えない者たちが見、足の不自由な者たちが歩き、ツァラアトに冒された者たちがきよめられ、耳の聞こえない者たちが聞き、死人たちが生き返り、貧しい者たちに福音が伝えられています。だれでも、わたしにつまずかない者は幸いです。(7：22)

このように言って弟子たちを帰されるのですが、彼らが帰った後で、イエス様はヨハネについて話し始められます。「あなたがたは、何を見に荒野に出ていったのですか」と。これは洗礼者ヨハネが罪の赦しに導く立ち帰りのバプテスマ運動を展開していた時、多くの人たちがヨハネからバプテスマを受けるために荒野に出ていったことについての問いです。ルカの福音書第3章に次のように記されています。

皇帝ティベリウスの治世の第十五年、ポンティオ・ピラトがユダヤの総督であり、ヘロデがガリラヤの領主、その兄弟ピリポがイトラヤとトラコニテ地方の領主、リサニアがアビレネの領主、アンナスとカヤパが大祭司であったころ、神のことばが、荒野でザカリヤの子ヨハネに臨んだ。ヨハネはヨルダン川周辺のすべての地域に行って、罪の赦しに導く悔い改めのバプテスマを宣べ伝えた。（3：1～3）

この世の権力者たちが自らの力を誇り、自らの思いのままの政治を行っているときに、神の言葉が荒野でザカリアの子に実現したと言われた。そして、「エルサレム、ユダヤ全土、ヨルダン川周辺のすべての地域から、人々がヨハネのもとにやって来て、自分の罪を告白し、ヨルダン川で彼からバプテスマを受けていた」（マタイ3：5～6）とあります。

このように多くの人たちが荒野に出て行ったことについて、イエス様は質問しておられるのです。「あなたがたは、何を見に荒野に出ていったのか。風に揺れる葦か」と。「風に揺れる葦」というのは比喩です。これは、時代の流れに流される者、暴力をもって支配する者に、ひれ伏す者という意味です。そのような人物を見に荒野に行ったのか。いや、そうではなかっただろうとおっしゃる。バプテスマのヨハネは、時代の流れに流されず、暴力をもって支配するこの世の権力者にひれ伏さない者であった。あなたがたは、そのヨハネを見に行ったのだと。

また言われます。

「では、何を見に行ったのですか。柔らかな衣をまとった人ですか。ご覧なさい。きらびやかな服を着て、ぜいたくに暮らしている人たちなら宮殿にいます。」（7：25）この言葉は、ヨハネがラクダの毛の衣をまとい、腰には革の帯を締め、その食べ物はいなごと野密であったというところと対比されています。ヨハネは、私有財産をすべて放棄し、自分で自分の必要を満たそうともせず、ただ神が与えてくださるものだけで生きた。物質を求めず、物質に依存せず、神の口から出るものだけによって生きる者、それが洗礼者ヨハネであった。

「では、何を見に行ったのですか。預言者ですか。そのとおり。わたしはあなたがたに言います。預言者よりもすぐれた者をです。」「この人こそ、『見よ、わたしはわたしの使いをあなたの前に遣わす。彼は、あなたの前にあなたの道を備える』と書かれているその人です。」(7：26～27) つまり、ヨハネはメシアの道備えをする預言者以上の者、ヨハネこそ、旧約の預言者エリアの再来であると語られたのであります。

これは、ヨハネに対する最大の賛辞です。権力者の暴力に屈しない者、物質に依存せず、神の口から出るものだけによって生きる者、最大の預言者、これ以上の賛辞はありません。

イエス様のこの言葉は、マラキ書という預言者の書の言葉をそのまま引用したものですが、3章1節には次のように預言されています。

> 見よ、わたしはわたしの使いを遣わす。彼は、わたしの前に道を備える。あなたがたが尋ね求めている主が、突然、その神殿に来る。あなたがたが望んでいる契約の使者が、見よ、彼が来る。――万軍の**主**は言われる。(マラキ書3：1)

さらに4章5節から6節には次のように預言されています。

見よ。わたしは、主の大いなる恐るべき日が来る前に、預言者エリヤをあなたがたに遣わす。彼は、父の心を子に向けさせ、子の心をその父に向けさせる。それは、わたしが来て、この地を聖絶の物として打ち滅ぼすことのないようにするためである。

（マラキ書4：5～6）

このマラキ書の預言に基づき、イスラエルではメシアが来られる前に預言者エリヤがやって来るとの思想があったのですが、イエス様は、洗礼者ヨハネこそ預言者エリヤである、エリヤの霊の働きをする者である、マラキ書の預言がヨハネにおいて実現したのであると、ヨハネのことを群衆にご説明になります。

イエス様のヨハネに対する説明は続きます。「わたしはあなたがたに言います。女から生まれた者の中で、ヨハネよりも偉大な者はだれもいません。」これは最大の賛辞です。人類史上最大の人物と大絶賛されました。しかし、次に「これ、どう言う意味なんだろう」と私たちが疑問に思うような不思議な言葉が続きます。「しかし、神の国で一番小さい者でさえ、彼より偉大です。」ヨハネは人類最大の人物なのに、神の国で一番小さい者でさえ、彼より偉大だとは一体どういう意味なのでしょうか。「私はイエス様を信じているから、ヨハネよりも偉大なんだ」と思うなら、それは完全に的外れの理解です。イエス様は、神の国に生きる者たちのヨハネに対する相対的な優位性を語っておられるのではありません。イエス・キリストの到来によってやってきた神の国の絶大さについて、語ってらっしゃるのです。キリストと共にやって来た神の国が小さなものを偉大にする。神の国そのものが絶大なのです。そして、その神の国は、ヨハネの働きによって備えられたものである。自分がヨハネよりも偉大なのか、どうなのか、ということを考えること自体が愚かなことです。

ここで疑問が一つ生じます。「ヨハネの使いが帰ってから、イエスはヨハネについて群衆に話し始められた」とあります。なぜ、イエス様はヨハネの弟子たちが帰ってから、ヨハネについて話し始められたのでしょうか。あなたがヨハネだったらどう思いますか。私だったらどう思うでしょうか。「そんなに絶賛するほど評価してくれているのだったら、それを自分に伝えてほしい」と思うのではないでしょうか。

イエス様が「ヨハネに伝えよ」とおっしゃったのは、ヨハネの弟子たちが目撃した神の国の現実でした。「目の見えない者たちが見、足の不自由な者たちが歩き、ツァラアトに冒された者たちがきよめられ、耳の聞こえない者たちが聞き、死人たちが生き返り、貧しい者たちに福音が伝えられています。だれでも、わたしにつまずかない者は幸いです」と。

イエス様は、ご自分がどれほどヨハネを絶賛しておられるか、認めておられるのか、ということについては、ヨハネの弟子たちには聞かせなかったのです。イエス様は、ヨハネに対する賛辞をヨハネにあえて知らせなかった。イエス様が、そのように考えておられるのであれば、それを知らせてほしい、そのほうが安心できると思うのが人情ではないかと思います。しかし、イエス様はご自分の信頼するしもべがどんなに大きな働きをしても、賞賛したり、感謝したりなさらない。

さきほど、イエス様のところに戻った時に、イエス様に「あなたはわたしの言葉をよく聞いてくれた。ありがとう」と言ってもらいたいっていう人がいて、共感する人たちを得ているという話を紹介しました。聖書のことばに耳を傾けながら精一杯生きていきたいという思いを述べているわけで、それはそれで尊いことだと思います。しかし、イエス様は私たちに「ありがとう」とはおっしゃらないのです。ルカの福音書17章7節から10節で、イエスは次のように言われています。

「あなたがたのだれかのところに、畑を耕すか羊を飼うしもべがいて、そのしもべが野から帰って来たら、『さあ、こちらに来て、食事をしなさい』言うでしょうか。むしろ、『私の夕食の用意をし、私が食べたり飲んだりする間、帯を締めて給仕しなさい。おまえはその後で食べたり飲んだりしなさい』と言うのではないでしょうか。しもべが命じられたことをしたからといって、主人はそのしもべに感謝するでしょうか。同じようにあなたがたも、自分に命じられたことをすべて行ったら、『私たちは取るに足りないしもべです。なすべきことをしただけです』と言いなさい。」（17：7〜10）

主人は、しもべに感謝したり、称賛したりしないとおっしゃるのです。神のそばに立って仕える、それだけが、神のしもべの力だからです。神のしもべが最も輝く、そのアイデンティティが明らかにされるのは、神のそばで立って仕える時です。どんなに神様から感謝の言葉を伝えられても、称賛の言葉を伝えられても、神のしもべとしての私たちの本質が輝くことはない。「お前は 私のそばに立って仕えよ」と命じてくださる主。その言葉によって、私たち主のしもべは立つのです。力を得るのです。

もちろん、疲れてしまう時もあります、疲れて倒れることもあるかもしれません。しかし、ローマ人への手紙にこのように語られています。「しもべが立つか倒れるか、それは主人次第です。しかし、しもべは立ちます。主は、彼を立たせることがおできになるからです」（ローマ14：4）。「お前は立って帯を締め、私に仕えよ」とおっしゃる主は、私たちを立たせることがお出来になるお方、倒れた私たちを立たせるお方であります。

さらに、イザヤ書ではこのように語られています。「わたしはあなたを地の果てから連れ出し、地の隅々から呼び出して言った。『あなたは、わたしのしもべ。わたしはあなたを選んで、退けなかった』と。恐れるな。わたしはあなたとともにいる。たじろぐな。わたしがあなたの神だから。わたしはあなたを強くし、あなたを助け、わたしの義の右の手で、あなたを守る」（イザヤ書41：9～10）。「お前はわたしのしもべである」と語ってくださる方の声を聞くときに、私たちは立つのです。私たちを地の果てから連れ出し、地の隅々から呼び出してくださるお方がいる。

ヨエル書にはまたこのように言われています。「その後、わたしはすべての人にわたしの霊を注ぐ。あなたがたの息子や娘は預言し、老人は夢を見、青年は幻を見る。その日わたしは、男奴隷にも女奴隷にも、わたしの霊を注ぐ」（ヨエル書2：28～29）。「男奴隷にも女奴隷にもわたしの霊を注ぐ」と約束してくださっている。「あなたはわたしのしもべ、わたしはあなたを選んで、退けなかった」と語ってくださるお方が、そのしもべである私たち、主の奴隷である私たち一人ひとりに聖霊を注いでくださる。
そのようにして、私たちは聖霊を注がれ、今このようにして立てられているのです。主がどういう言葉をかけてくださるか、かけてほしいと思うか、神様に感謝してもらいたいと思うか、称賛してもらいたいと思うか、そんなことはもうどうでもよい。そういう世界がある。そういう御霊を私たちに注いでくださる方がいる。今日はペンテコステですけれども、主のしもべ一人ひとりに聖霊を注いでくださる主を誉め称えながら歩んでいきたいと心から願います。

わたしはあなたを地の果てから連れ出し、地の隅々から呼び出して言った。「あなたは、わたしのしもべ。わたしはあなたを選んで、退けなかった。」（イザヤ書41：9）

祈りましょう。

いのちに満ち溢れることこそ（第8章40〜56節）

私たちは、人生の道のりにおいてさまざまな困難や苦難に遭遇し、自分が何のために存在し、どこに行こうとしているのか、ということについて疑問を持ちます。また、自分自身を自分で受け入れることができなかったり、あるいは人が自分を受け入れてくれないということを経験し、自分を価値のない存在なのではないのかと感じることが、誰しもあると思います。あるいは、そういう思いを隠しながら、高慢に膨れ上がって生きるということもあります。あなたは自分自身の存在をどのように受け止めていらっしゃるでしょうか。

あなたは、自分自身を清い存在だと思いますか。それとも、自分は清くないのではないかと思われるでしょうか。聖書の中に「清さ」と「けがれ」というペアとなった言葉が出てきますが、日本語の感覚でこれらを理解しようとすると、聖書が指し示す豊かないのちの世界を知ることができなくなってしまいます。特に現在の常用漢字には「穢れ」は含まれておらず「汚れ」を「けがれ」と読ませます。この漢字はそもそも「よごれ」と読む字ですから、このことが「けがれ」とは何かということを分からなくしている側面がありま す。

今日そして来週、私たちが学ぼうとしているのは、この「けがれ」と「けがれからの救い」ということが中心テーマです。ですから、聖書における「けがれ」とは何かを理解した上で読んでいくことが大切です。今日の箇所は「十二年間長血を患った女性の癒し」として知られるところです。

さて、イエスが帰って来られると、群衆は喜んで迎えた。みなイエスを待ちわびていたのである。すると見よ、ヤイロという人がやって来た。この人は会堂司であった。彼はイエスの足もとにひれ伏して、自分の家に来ていただきたいと懇願した。彼には十二歳ぐらいの一人娘がいて、死にかけていたのであった。それでイエスが出かけられると、群衆はイエスに押し迫って来た。

そこに、十二年の間、長血をわずらい、医者たちに財産すべてを費やしたのに、だれにも治してもらえなかった女の人がいた。彼女はイエスのうしろから近づいて、その衣の房に触れた。すると、ただちに出血が止まった。イエスは、「わたしにさわったのは、だれですか」と言われた。みな自分ではないと言ったので、ペテロは、「先生。大勢の人たちが、あなたを囲んで押し合っています」と言った。しかし、イエスは言われた。「だれかがわたしにさわりました。わたし自身、自分から力が出て行くのを感じました。」彼女は隠しきれないと知って、震えながら進み出て御前にひれ伏し、イエスにさわった理由と、ただちに癒やされた次第を、すべての民の前で話した。イエスは彼女に言われた。「娘よ、あなたの信仰があなたを救ったのです。安心して行きなさい。」

　イエスがまだ話しておられるとき、会堂司の家から人が来て言った。「お嬢さんは亡くなりました。もう、先生を煩わすことはありません。」これを聞いて、イエスは答えられた。「恐れないで、ただ信じなさい。そうすれば、娘は救われます。」イエスは家に着いたが、ペテロ、ヨハネ、ヤコブ、そしてその子の父と母のほかは、だれも一緒に入ることをお許しにならなかった。人々はみな、少女のために泣き悲しんでいた。しかし、イエスは言われた。「泣かなくてよい。死んだのではなく、眠っているのです。」人々は、少女が死んだことを知っていたので、イエスをあざ笑った。しかし、イエスは少女の手を取って叫ばれた。「子よ、起きなさい。」すると少女の霊が戻って、少女はただちに起き上がった。それでイエスは、その子に食べ物を与えるように命じられた。両親が驚いていると、イエスは、この出来事をだれにも話さないように命じられた。（8：40～56）

当時のイスラエルでは、長血を患うということは、けがれた者として生きなければいけないということでありました。この箇所では、けがれからの救いということが語られています。来週は、この長血を患った女性の救いを挟むように語られている会堂司ヤイロの死んだ娘が生き返らされるところを学びますが、死は最大のけがれでありますから、そこでもけがれからの救いが語られる。イエス様は、私たちをけがれから救われるということが連続で語られているのです。これに先立つ箇所でも、けがれからの救いが語られていました。それは、レギオンという非常に多くの悪霊に取り憑かれていた人をイエス様がお救いになる箇所ですが、その人は墓場を住まいとしていたとあります。死体を葬る墓場は最もけがれた場所です。ですから、レギオンに取り憑かれた人の救いもけがれからの救いであったと語られているのです。

イエス様がレギオンに取り憑かれていた人をお救いになってカペナウムに帰ってこられました。するとヤイロという名の会堂司がイエス様の足元にひれ伏して、自分の家に来て死にかけている十二歳ぐらいの一人娘を癒してほしいと懇願します。カペナウムの会堂は、かなり大きくて立派な建物でありました。現在残っている遺跡は、紀元400年以降、つまり東ローマ帝国（ビザンチン帝国）時代に建てられたもので、イエス様の時代には、その下にそれと同じ大きさのものが建てられていました。当時からかなり大きな立派な会堂であったわけです。ですから、このヤイロという人は、カペナウムのユダヤ人の中心人物であったということが分かります。

イエス様はすぐに出かけられますが、イエス様を取り巻く群衆がイエスに押し迫っていた。つまり、都心のラッシュアワーとか、有名神社の初詣のような状態で人が移動していたわけです。しかし、ここで12年の間、長血を患っていた女性がイエス様に近づきます。医者たちに財産すべてを費やしたのに、誰にも直してもらえなかったと言います。彼女は、イエスの後ろから近づいて、その衣の房に触れます。すると、直ちに出血が止まった。イエスは私に触ったのは誰かと言われたとあります。

ここに「衣の房」ということばが出てきますけども、イエス様は律法に従って、衣の四隅に房を付けておられました。民数記に次のように定められています。

イスラエルの子らに告げて、彼らが代々にわたり、衣服の裾の四隅に房を作り、その隅の房に青いひもを付けるように言え。その房はあなたがたのためであって、あなたがたがそれを見て、主のすべての命令を思い起こしてそれを行うためであり、淫らなことをする自分の心と目の欲にしたがって、さまよい歩くことのないようにするためである。こうしてあなたがたが、わたしのすべての命令を思い起こして、これを行い、あなたがたの神に対して聖なる者となるためである。わたしが、あなたがたの神、主であり、わたしがあなたがたの神となるために、あなたがたをエジプトの地から導き出したのである。わたしはあなたがたの神、主である。（民数記15：38～41）

次の頁の写真は、エルサレムの嘆きの壁の前で聖書を読むユダヤ教正統派の人たちですが、彼らも衣の四隅に房を付けています。紐のように見えるものがそれです。イエス様もこのようなものをつけておられたのです。つまり、イエス様は、敬虔なユダヤ教のラビ（教師）の格好をしてらっしゃった。クリスチャンの中には、イエス様は身なりは気にしなかったと思い込んでいる人たちもいるようですけど、そんなことはありません。イエス様は、ユダヤ教のパリサイ派のラビの服装しておられたのです。

ユダヤ教正統派の人たち衣の四隅に房が付いている。

この女性は信じました。イエス様の衣の房にでも触れれば癒されると。そして、こっそり近づいて行って、こっそり触って、そして、こっそり癒されたいとこの人は思ったわけです。

長血と言われる婦人病については、レビ記に次のように定められています

> 女に漏出があり、漏出物がからだからの血であるなら、彼女は七日間、月のさわりの状態になる。だれでも彼女に触れる者は夕方まで汚《けが》れる。彼女の月のさわりの時に使った寝床は全体が汚《けが》れる。また、彼女が座った物もすべて汚《けが》れる。彼女の床に触れた者はだれでも自分の衣服を洗い、水を浴びなければならない。その人は夕方まで汚《けが》れる。また、何であれ、彼

女が座った物に触れた人はだれでも自分の衣服を洗い、水を浴びる。その人は夕方まで汚《けが》れる。彼女の床であれ座った物であれ、それに触れたなら、その人は夕方まで汚《けが》れる。また、もしも男が彼女と寝るようなことがあるなら、彼女の月のさわりが移って、その人は七日間汚《けが》れる。彼が寝る床も全体が汚《けが》れる。

女に、月のさわりの期間ではないのに、長い日数にわたって血の漏出があるか、あるいは月のさわりの期間が過ぎても漏出があるなら、その汚《けが》れた漏出がある間中、彼女は月のさわりの期間と同じように汚《けが》れる。その漏出の間は、彼女の寝た床はすべて、月のさわりの時の床と同じようになる。彼女が座った物はすべて、月のさわりの間の汚《けが》れのように汚《けが》れる。だれでも、これらの物に触れた人は汚《けが》れる。その人は衣服を洗い、水を浴びる。その人は夕方まで汚《けが》れる。女が漏出からきよくなったら七日を数え、その後、彼女はきよくなる。

八日目に彼女は自分のために山鳩二羽か家鳩のひな二羽を取り、それらを会見の天幕の入り口の祭司のところに持って行く。祭司は一羽を罪のきよめのささげ物とし、もう一羽を全焼のささげ物とする。祭司は彼女のために、主の前で汚れた漏出のゆえに宥めを行う。あなたがたは、イスラエルの子らをその汚《けが》れから離れさせなさい。彼らが、彼

らのただ中にあるわたしの幕屋を汚し、自分たちの汚《けが》れで死ぬことのないようにするためである。」（レビ記15：19〜31）

これを読んで納得がいかない人は多いのではないでしょうか。これは生理現象であって、自分では決められないことですから、不条理ではないかと。また、これがなかったら、子どもが生まれないわけですから、これをけがれと言われてしまったら、それはまさに女性蔑視ではないかと誤解される場所でもあるわけです。

ところが聖書における「けがれ」というのは、汚《きたな》いという意味ではないのです。「お前は汚《きたな》いから引っ込んでいろ」ということではないのです。

現在の日本語では「けがれ」を「汚れ」と書きますから、「けがれ」と言うと「汚《きたな》い」というイメージがあると思います。そして、汚いものは悪いという価値観に結びつく。つまり、「けがれ」が善悪の基準と結び付いた価値観を述べているかのように、感じてしまうわけです。

しかし、聖書を読んでいくと、聖書が言う「けがれ」とはそういうものではないということが分かります。聖書におけるけがれとは、「命が欠乏した状態」にあるということを意味します。レビ記に「いのちは血の中にある」（レビ記17：11）という重要な思想が記されています。血を大量に失うといのちが失われます。そして、いのちが失われた状態そのものを「けがれている」と言うのです。死が最大のけがれだというのはその理由によります。ですから、血が体の外に出ることはいのちが漏れ出ること、つまりいのちの欠乏状態になることであり、それを「けがれ」と呼ぶのです。

子どもを産んだ時は、けがれの期間が長くなる、すなわち、男の子を産んだ場合は40日間、女の子を産んだ場合は80日間と定められていますが（レビ記12：1～5）、それは出産による出血が多く、出産そのものがいのちの危険を伴うものだったからです。出血が多いと、いのちが欠乏した状態が続くから、その期間をいのちの回復のために用いよということです。月経の時にも血が体から出ていのちが欠乏する。男性の場合も、精射したら夕方までけがれるとあります（レビ記15：16～18）。精射によっていのちが出ていくため、いのちが欠乏した状態になる。夕方まで身を慎めというのはいのちの回復が必要であることを自覚させるためです。女性が出血した場合、より多くの時間がいのちの回復のために必要です。ですから、けがれの期間が長くなる。「血が出て汚《きたな》いから引っ込んでいなさい」と言うことではなく、いのちの回復ということを、神様はまず第一に考えてくださっているのです。

婦人病で生理の血が止まらない場合、このけがれの状態が続く。ですから、この人は12

年間ずっといのち欠乏状態にあったということです。さらに、律法では「けがれたものに触れるものはけがれる」と定めていますから、彼女が触るものはすべてけがれる。いのちの欠乏が伝染するということで、彼女は外出ができないことになるのです。人に触れることができない。ずっと家の中にいなければいけない。そういう状態で12年間を過ごしてきました。

彼女は考えました。ところが、この人がイエス様の癒しの働きについて伝え聞きました。「この方の御衣の房にでも触れれば、きっと癒される」と。そして群衆に紛れてイエス様の後ろから近づき、その衣の房に触れた。すると、直ちに出血が止まりました。マルコの福音書では、「すぐに血の源が渇いて、病気が癒されたことをからだに感じた」（マルコ5：29）と、この女性が感じたことを記しています。

皆さん、病気が癒されたかどうかは、お医者さんが決めることだと思いますか。どうでしょうか。この人は、この時、自分の病気が癒されたことを体に感じたと言います。イエス様のいのちが注がれる時に、医者の証明を必要としないほど、確実に癒されたことを知るということが確かにあります。私自身がそうでした。

私は、大学生の時に信仰が分からなくなって、イエス様を否定し、神様を否定し、信仰を捨てて神のいない世界に生きようとしました。ただ、神のいない世界に生きようとしたと言っても、神様がいることは否定できないのです。神様もいる、イエス様も生きているけれども、自分自身はそれとは関係のないところで生きようとしたわけです。私は病気になり、夜も眠れなくなり、心も体も病んでいきました。大学の4年生の春に、大学の保険管理センターから呼び出しを食らいました。レントゲン写真に異常があるということでした。その後医者に行って、調べたら胸に2つの影があった。

私はその頃、非常に体の具合も精神の具合も悪かったのですが、後に妻となるあずささんが、私をイエス様のところに引き戻してくれました。1981年の春です。そして、私はその年の夏、水上温泉でもたれたキリスト教の大きな集会に参加しました。

そこで、高橋恒男先生という伝道者が私の頭の上に手を置いて、一言祈ってくれました。「天のお父様。この兄弟をその名前のように導いてください」と。その時、私は圧倒的な聖霊を注がれ、腹の底から湧き上がる喜びと共に立ち上がるという体験をしました。自分の弱りきった、枯れたような体の中にイエス・キリストの血が注がれて、自分の細胞の一つ一つが甦っていく。その時、「御子イエスの血は、すべての罪から我らを潔む」（Iヨハネ1:7）との聖書の言葉が私の存在のすべてにわたって鳴り響きました。そして、胸にあった2つの病気がその場で消えてなくなったのが、100％の確実さで分かりました。思ったのではない。分かったのです。医者の証明は必要なかった、そういう知識があるのです。

私は、それを確かめるために、医者に行くことはありませんでした。ただ、それから数か月後に国際基督教大学の大学院を受験するために、健康診断を受けなければならず、近くの保健所でX線写真を撮ったのですが、胸は綺麗に何の跡形もなく癒されていました。

高橋先生も私の病気が癒されるようにと祈ったわけではありません。そもそも高橋先生は、私が病気だったことをご存知ありませんでした。ただ、私に聖霊が注がれたことは分かってくださったと思います。聖霊、イエス様のいのちが注がれるということは、そのようなことです。このようなことが起こる。私たちの常識を超えたイエス様の聖霊の働き、十字架の血の働きがあるということを、是非皆さん、知っていただきたいと思います。

イエス様は「わたしに触ったのは誰だ」とおっしゃった。ペテロが、「先生みんなもう大勢の人があなたを囲んで押し合って、ひしめき合って、みんながあなたに触っているんですよ。こんな状況で『誰がわたしに触ったのか』と言うのですか」と言いますが、イエス様は「誰かが私に触った。わたしの中から力が出ていくのを感じた」とおっしゃいます。

これは、誰かが癒されたことがわかったということです。自分の内側から力が出たからだと。イエス様はこれまで多くの人たちを癒してこられたし、これからも癒していかれるわけです。けれども、その度に自分の内側からいのちが出ていくのを感じておられたということです。ご自分の中にあるいのちが出ていくことなしに、癒やしが行われることはない。ここに私たちが癒しを求めて祈る時と、イエス様御自身が癒しをなさると時の違いがあります。

私たちも、病気の人のために手をおいて祈ると、時に自分の内側からいのちが出て行って、自分が空っぽになるという経験をすることがあります。しかし、イエス様が私たちの祈りに応えて癒してくださる時、私たちは何もそのようなことを感じないまま癒されていくということもあります。いろいろなケースがありますから、一概には言えません。しかし、イエス様ご自身は、癒しが行われる時に、ご自分の内側からいのちが流れ出ていくことを常に感じておられたということです。

イエス様が「誰だ」と言い続けられるので、彼女は隠しきれないと知って、震えながら進み出て御前にひれ伏し、イエス様に触った理由と、直ちに癒された次第をすべての民の前で話します。イエスは、彼女に言われました。「娘よ、あなたの信仰があなたを救ったのです、安心していきなさい」と。

ここで、二つ疑問が出てくるのではないかと思います。まず、この人が触れた人はけがれなかったのでしょうか。隣の人と肩が触れ合うような、人々がひしめき合っている状態ですから、この人に触れた人はたくさんいるはずです。律法は、「けがれたものに触れるとけがれる」と定めています。彼らはけがれなかったのか。さらに、この人が触ったイエス様は、けがれなかったのか、イエス様だけ特別だったのか。どうだったのでしょうか。そして、もう一つの疑問があります。これは現代的な疑問かもしれませんが、どうしてイエス様は、この人をそっとしておいてあげなかったのかと思いませんか。この人は、人に知られたくなかったのです。そっと来て、そっと触って、そっと帰りたかった。それなのに、なぜイエス様はこの人を放っておいてあげなかったのでしょうか。

まず第一の点です。先ほども言いましたけれども、「けがれ」というのは、いのちの欠乏状態です。ですから、いのちを満たすことによってけがれそのものを消滅させる。それがイエス・キリストのいのちです。罪もけがれも、両方ともいのちの欠乏状態を表します。イエス様のいのちが流れ出て、この女性の中に入って彼女をいのちで満たした時、けがれそのものが消滅したのです。ただ、中には理屈をこねる人もいるかもしれませんね。では、癒される前にこの人に触れた人はどうなるのかと。彼らはけがれたのではないのかと。しかし、神は宣言されるのです。「神が清めたものを清くないと言ってはならない」と。イエス様は言われました。「外から入ってきてあなたをけがすものはない。むしろ、あなたの内側から出てくるものがあなたと周囲をけがすのである。けがれたものに触れてもけがれることはない」と。

第二の点です。イエス様は、どうしてこの人を放っておいてあげなかったのでしょうか。イエス様は、誰かがある意味、決死の思いでこっそりやってきて、決死の思いでこっそりご自分の衣の房に触ったことがお分かりになりました。「私を癒してください」と言って、懇願することができない状態にある人がいたのだ、ということを理解なさったはずです。人前に出ることができない人が癒しを求めてやってきたことを、イエス様は理解なさった。そして、この人が今後尊厳ある者として、生きていくことをイエス様は強く願われたのです。もしこの時、イエス様が見出してくれていなかったら、この人は一生の間、癒しと清めについて嘘をつき続けていかなければならなくなったはずです。

社会復帰するときに、「私元気になりました」と言っても、「どういうふうにして治ったの」と聞かれると、「いや、たまたまね、なんか急にある日よくなったのよ」と言い続けなければならなくなるわけです。「律法違反を承知の上で、血が止まらない状態のまま群衆をかき分けて、イエス様のところに行って御衣の房に触ったら、癒された」と言うわけにはいかないのです。

隠れたままでは、いつまでも恐れの中に生きなければならず、嘘をつき続けていかなければならない。しかも、その嘘は神様の真実を喜ぶことができないということにつながる嘘です。神様との正しい関係に生きることができず、この人は自分という閉ざされた壁の中でずっと生きることになってしまう。イエス様は、そのような中からこの人を解放したい、救い出したいと願われたのです。

この人は最初、放っておいてくれたら良かったのにと思ったに違いありません。最初はずっと黙っていたわけですから。しかし、イエス様が「どこだ。どこだ。誰だ。誰だ」と言って、その人を見つけるまで諦めなかったものですから、この人は本当のことを言わなければならなくなりましたが、「イエス様のいのちが私を癒した」「神様の真実が私を清い者にした」と告白できる生涯へと導かれていくことになりました。

イエス様は彼女に言われました。「娘よ、あなたの信仰があなたを救ったのです、安心していきなさい。」「あなたは清いよ。あなたは完全な者にされたのだよ。神のいのちがあなたのなかにある。何者もあなたを汚れた者と言うことはできないよ」と、イエス様はおっしゃっているのです。

イエス様は、ご自身との人格的な関係の中に私たちを導き入れて、そして私たちを神のいのちに満ちた完全なもの、清いもの、尊厳あるものとして、光の中に、神との正しい関係の中に生きるように導いてくださいます。イエス様は、そのことを願ってくださり、そして、導いてくださる。イエス様のいのち、それは私たちを完全なものとする力です。私たちが自分を尊く思えないとき、自分をけがれていると感じるとき、それは私たちの中に神のいのちが欠けている状態です。イエス様は、そんな私たちにご自身のいのちを注ぎたいと願っておられます。この方が、私たちの全存在を、ご自身との人格的な関係の中に完成してくださるのです。

しかし、あなたがたは選ばれた種族、王である祭司、聖なる国民、神のものとされた民です。それは、あなたがたを闇の中から、ご自分の驚くべき光の中に召してくださった方の栄誉を、あなたがたが告げ知らせるためです。（Ⅰペテロ2：9）

祈りましょう。

キリストは、あなたが死んでもあなたを諦めない（第8章40〜56節）

皆さん、イエス様が私たちに対して持っていらっしゃる重大関心事は、いったい何でしょうか。私たちがこうであってほしい、こうであれと思っていらっしゃることは何でしょうか。それは、ご自身のいのちを私たちに与え、私たちが神の息吹に満たされて生きることであります。

ここのところ、けがれを清めるイエス様のお働きについて、共に学んでいます。最初に出てきたのは、最大の汚れである死、すなわち墓場をすみかとしていた人の救いでありました。そして、先週は12年間長血を患った女性の癒し、そして、今日は死んだヤイロの娘を生き返らせるところであります。イエス様は私たちを神のいのちに満たし、いのちの欠乏から私たちを救う方であるということを、これらの聖書の箇所は私たちに告げています。

聖書の中に出てくる「けがれ」という言葉は、汚《きたな》いとか、汚《よご》れているという意味ではありません。「いのちが欠乏している状態」、それを「けがれ」といいます。イエス様は、そのけがれを取り去るお方。私たちにいのちを満たすことによって、ご自身の息吹を、聖霊の息を、私たちに吹き込むことによって、私たちをけがれから清めてくださるのです。

先週と同じ箇所を読んでいます。イエス様がゲラサ人の地で非常に多くの悪霊であるレギオンに取り憑かれていた人を癒し、カペナウムに帰って来られた時のことであります。すると、名をヤイロというカペナウムの会堂司がイエス様の足元にひれ伏して、自分の家に来てほしいと懇願した。彼には12歳ぐらいの一人娘がいて、死にかけていたと言います。

イエス様がヤイロの家に向かっておられる時に、12年間長血を患い、医者たちに財産すべてを費やしたけれども、誰にも治してもらうことができなかった女性が、イエス様の後ろから近寄って、イエス様の御衣の房に触れた。すると、直ちに血が止まって癒されました。イエス様が自分に触ったものは誰かと言って、その人を探されましたから、彼女はもう隠し通すことができないと、御前にひれ伏してことの次第をすべて申し上げたというのが先週の箇所であります。

しかし、そうこうしているうちにヤイロの家から人が来て告げます。「お嬢さんは亡くなりました。もう、先生を患わすこともありません」（8：49）と。これを聞いてイエス様は答えられました。「恐れないで、ただ信じなさい。そうすれば、娘は救われます」（8：50）と。使いは、お嬢さんは亡くなったから、もう先生に来ていただいても仕方がないと言ったわけです。死んだら終わりという思想がここにある。だれも、死には勝つことができない。イエス・キリストさえ死んだ者をどうすることもできないという思想がここにあります。ヤイロ自身は、この12年間長血を患った女性がここに現れなかったら、娘は助かったかもしれないという思いに駆られたに違いないと思います。つまり、この人が癒されたことを喜ぶどころか、この人がいなければ良かったのに、と思ったのがヤイロではなかったでしょうか。皆さんだったら、どうお感じになりますか。しかし、イエス様おっしゃいます。「恐れないで、ただ信ぜよ。そうすれば、娘は救われる」と。「神様は、あなたの娘を諦めてないぞ」とおっしゃったのです。「死者を生かすいのちを注ぐ神がいるぞ。恐れるな。ただ信ぜよ。そうすれば、娘は救われる」と。

イエスは家に着いたが、ペテロ、ヨハネ、ヤコブ、そしてその子の父と母のほかは、だれも一緒に入ることをお許しにならなかった。人々はみな、少女のために泣き悲しんでいた。しかし、イエスは言われた。「泣かなくてよい。死んだのではなく、眠っているのです。」人々は、少女が死んだことを知っていたので、イエスをあざ笑った。しかし、イエスは少女の手を取って叫ばれた。「子よ、起きなさい。」すると少女の霊が戻って、少女はただちに起き上がった。それでイエスは、その子に食べ物を与えるように命じられた。両親が驚いていると、イエスは、この出来事をだれにも話さないように命じられた。（8：51〜56）

イエス様は、「少女が死んだ」というヤイロの家の使いの者の言葉をお聞きになりましたが、その家に入られました。死者の家に入る、死者に触れるというイエスさまの行動は、当時のユダヤ教の指導者の行動としては、あり得ないこと、常識を外れた驚愕すべきことでありました。なぜならば、聖書における「けがれ」というのは、先ほども言ったように汚《きたな》いとか、汚《よご》れているというものではなく、いのちの欠乏を表し、いのちがまったくない状態が「死」だからです。そして律法は、けがれ、すなわちいのちの欠乏は伝染すると教えます。死体に触れると最大のけがれが身に及ぶことになるわけです。

ですから、祭司は、親、子、妻、兄弟以外の死体に触れることがあってはならない、葬儀に立ち会ってはならない、その家に入ってはならないと律法で命じられています。祭司としての務めができなくなるからです。また、大祭司と誓願を立てたナジル人は、家族の葬儀にも立ち会ってはならないと命じられています。

こういうことを知ると、良きサマリア人の譬え話で、祭司や神殿に仕えるレビ人が追い剥ぎにあって半殺しにされ、血だらけになって道で倒れている人を見ても、道の反対側を通り、見て見ぬふりをしたということの理由がわかるかと思います。祭司とレビ人は、死んでいる、あるいは死ぬかも知れない人に触れることを恐れたのです。ですから、ユダヤ教の指導者であったイエス様が死者の家に入り、その死んだ女の子に触れたということは、当時のユダヤ教の社会においては、驚愕すべき、あり得ない行動でありました。

しかし、イエス様には、この死んだ女の子を甦らせるいのちが満ちていました。このいのちに満たされている者は、何ものによってもけがされることはない。イエス様はこのいちのをこの少女に注ぎ、生き返らせられました。イエス様の御思い、願いは、私たち一人ひとりがこのいのちに満たされ、けがれを恐れず、神の愛を伝えることです。

民数記には死者に触れた時のことが以下のように規定されています。

死人に触れる者は、それがどの人のものであれ、七日間汚《けが》れる。その者は三日目と七日目に、先の水で身の汚《けが》れを除いて、きよくなる。三日目と七日目に身の汚《けが》れを除かなければ、きよくならない。死人、すなわち死んだ人間のたましいに触れ、身の汚《けが》れを除かない者はみな、主の幕屋を汚《けが》す。その者はイスラエルから断ち切られる。その者は汚《けが》れを除く水を振りかけられていないので汚《けが》れていて、その者の中になお汚《けが》れがあるからである。……死人、人の骨、墓に触れる者はみな、七日間汚《けが》れる。（民数記19：11～16）

なお、「死んだ人のたましい」というのは、人の遺体のことを意味します。人の遺体に触れたら、三日目と七日目に雌牛の灰を加えて作られたけがれを除く特別な水を振りかけられなければならない。そうしなければ民から断ち切られるというほどのけがれ、それが死による汚れであったというのが律法の規定でありました。それほど死体に触れるということは、ユダヤの世界ではあり得ないことであった。

ヘブライ学博士の手島佑郎氏からご教示いただいたのですが、今でも祭司の子孫たちは、決して墓地には近寄らない。自分の師の墓参りにも行かないということです。いつ、神殿が再建されても祭司としての働きができるように、けがれから身を避ける生活を今でも厳守していると。これほどまでに律法に生きている人々がいるから、国を失って二千年の間、ユダヤ民族は歴史を生き抜いたのだと。これもまた、驚くべきことであります。

先ほど読んだ律法の規定は、けがれた者、いのちが欠乏したものを一旦社会生活から遠ざけ、一定の儀式を行った場合に、いのちが回復した者として社会に復帰させる道を示しています。しかし、律法はいのちそのものを与えることはできないのです。律法は、こうすれば社会復帰できるという道は示しますが、いのちそのものを与えることはできませんでした。永遠にできないのです。ですから、いのちの回復の望みが絶たれた者に残っていたのは、絶望と断絶と滅びだけであった。そのような意味で、律法は滅びを宣告することはあっても、いのちそのものを与えることはできない。ここに律法の限界があるのです。レギオンに取り憑かれていた人、12年間長血を患っていた人、死んだ少女、彼らを救う道は律法にはなかったのです。

しかし、イエス・キリストは、律法が与えることができないいのちを私たちに注いで、けがれそのものを滅ぼし、救う方であるということを聖書は告げています。そして、けがれを滅ぼす方は、私たちを甦《よみがえ》らせる方である。私たちにいのちを注ぎ私たちを甦らせるのが、私たちの王であるイエス・キリストであります。第1コリントの15章26節に「最後の敵として滅ぼされるのは死です」と宣言されています。最大のけがれである死を滅ぼすのがイエス・キリストだというのです。

イエス様からいのちを与えられ生き返った少女は、年を取ってからもう一度死ぬことになります。しかし、イエス様は、なぜ必ずもう一度死ぬこの少女を甦らせなさったのでしょうか。そのことの意味を知ることは重要です。

コリント人への手紙第一を読みますと、初代教会時代、コリント教会の中にも死者の復活を信じない人たちがいたということが記されています。このように書かれています。


ところで、キリストは死者の中からよみがえられたと宣べ伝えられているのに、どうして、あなたがたの中に、死者の復活はないと言う人たちがいるのですか。もし死者の復活がないとしたら、キリストもよみがえらなかったでしょう。そして、キリストがよみがえらなかったとしたら、私たちの宣教は空しく、あなたがたの信仰も空しいものとなります。（Ⅰコリント15：12〜14）

コリント教会の中には、キリストは、確かに十字架にかけられて、3日目に甦ったけれども、私たちは復活することはないという人たちがいたということです。ですから、「もし死者の復活がないとしたら、キリストもよみがえらなかったでしょう」とパウロは言うのです。

イエス・キリストの福音の中心は何か。それはキリストご自身が私たちにご自身のいのちを与えてくださるということです。イエス・キリストは、私たちをも甦らせてくださる、これがイエス・キリストの福音の中心であります。

では、どのように甦るのでしょうか。私たちは、今の自分のまま甦るとするならば、そのような甦りはない方がよいかもしれませんね。弱いまま、罪深いまま、苛立ったり、自分中心であったり、そのような自分が甦るのなら、そのような甦りはない方がよいと私も思います。しかし、そうではないと聖書は言うのです。

朽ちるもので蒔かれ、朽ちないものによみがえらされ、卑しいもので蒔かれ、栄光あるものによみがえらされ、弱いもので蒔かれ、力あるものによみがえらされ、血肉のからだで蒔かれ、御霊に属するからだによみがえらされるのです。血肉のからだがあるのですから、御霊のからだもあるのです。（Ⅰコリント15：42～44）

私たちの体は朽ちるでしょう。しかし、朽ちないものとして甦らされる。私たちは卑しい者でしょう。しかし、栄光ある者として甦らされる。私たちは弱いでしょう。しかし、力あるものとして甦らされる。私たちは、この血肉の体のまま甦るのではなく、御霊に属する体に甦らされるのだと、パウロは告白しました。

私たちが注意しなければいけないのは、霊肉分離の思想というものに支配されている部分があるということです。体とたましいを分離したものだと考え、体は死んで灰になっても、たましいは神様のところ、天国に行くというふうに考えがちです。しかし、日本語訳の聖書で、「たましい」と訳されている「ネフェシュ」というヘブライ語の言葉は、本来動物の息を表す言葉です。そして、生きているものは「生きたネフェッシュ」、死体は「死んだネフェッシュ」と言います。創世記の最初に、人の創造が書かれていますけれども、神が人の鼻に息を吹き込むと、人は「生きたネフェシュ」となったと創世記は記しています。つまり、この体のいのち、生きた息、死んだ息を含めて、このネフェシュを神様は愛してくださっているということを知ることが大切です。神の息吹きを呼吸するもの、そのようなものとして、神様は人を創造なさった。

イエス様は、この少女の遺体、死んだネフェシュをも愛し、それに再び神の息を吹き込まれました。イエス様は、この少女のネフェッシュ、死んだネフェッシュも諦めることはなかったのです。イエス様は、彼女の手を取って、大声で叫び起こされました。イエス・キリストは、朽ち果てて灰になってしまった私たちの体、私たちを決して諦めることはない。私たちは、死んだら火葬に伏され、体は灰になってしまうでしょう。しかし、イエス様はその灰になってしまった私たちの体をも諦めないとおっしゃっているのです。私たちの名を呼んで、私たちにご自身のいのちの息を吹き込み、私たちの手を取って起こしてくださるお方がいる。立ち上がらせてくださる方がいるのです。

イエス・キリストは、私たちが生きている間、この神のいのちを吹き込んで、私たちのこの体をどれほど愛してくださっているのかを体験させようとしておられるのです。皆さんどうでしょうか。聖霊が自分の体に働きかけられる方であるということを、理解していらっしゃるでしょうか、知っていらっしゃるでしょうか。心は聖霊に満たされるけれども、体が聖霊に満たされるということはあるのかな、と思っていらっしゃるでしょうか。しかし、福音書や使徒の働きを読むと、聖霊が体に働きかけてくださる方であるということが、随所に書かれています。12年間長血を患った女性は体に聖霊を感じたのです。体に聖霊が満たされた時、病気が治ったことが分かった。この死んだ少女の体に聖霊の風が吹き込んだ時に、彼女は甦ったのです。

去年、私たちの教会で洗礼を受けられた方がいます。私が教鞭を執っている大学で二十数年前に学んでいるときに、私の研究室で行っていた聖書を読む会に毎週参加していた人です。在学中は信仰告白には至らず、卒業後はイギリス、スペイン、ドイツなど、海外で生活するようになりました。私のメルマガのショートメッセージは受け取って読んでくれていましたが、ずっと教会からは離れていました。その人と2017年にドイツで再会したのですが、それがきっかけでドイツの日本人クリスチャンたちと交わりを持つようになり、2020年に私に信仰告白のメールを送ってくださいました。いろいろと難しい状況があり、ドイツの教会では洗礼を受けられず、キリストの平和教会で去年の9月に洗礼を受けられました。

その日最初の聖餐を受けられたのですが、後日その時のことをメールで知らせてくれました。「聖餐のパンを頂いたとき、体に衝撃を感じた」と。そして聖霊に満たされてドイツに帰っていかれました。

聖霊は、私たちの心だけでなく、この体に吹き込んできてくださる。私たちは、そのことを知ることが大切です。聖霊が吹き込んできてくださるとき、私たちの全身全霊がイエス・キリストの御霊によって満たされ、喜び歌うようになる。死んだ私たちの体を再び引き起こして立ち上がらせてくださる方がいるということを、私たちは聖霊を体験することによって確信していくのです。ただ単に心を満たしてくださいと祈るだけでなく、この体をも満たしてくださるイエス・キリストの御霊をともに体験していくことができますように。

祈りましょう。

あとがき

本書は、2021年9月26日にキリストの平和教会で開始した「ルカの福音書講解説教」を書き起こし、加筆修正したものです。第1章から第8章までの説教から15編を収録しました。全3巻を予定していますが、本書はその第1巻です。

本書が可能になったのは、キリストの平和教会でご一緒に礼拝を捧げ、共に聖書の言葉に耳を傾けてくださっているお一人おひとりがいらっしゃるからです。お一人おひとりに感謝します。そして、インターネット上に公開している録画や音声メッセージを視聴してくださっているお一人おひとりからも勇気と励ましをいただいていること、大変有り難く思っております。

草稿に目を通して励ましてくださった明野キリスト教会／京都信愛教会牧師の大頭眞一さん、詳細なコメントをくださった久遠キリスト教会関西集会牧師の田中殉さんにお礼申し上げます。

本書の出版をご提案くださり、編集と刊行の労を執ってくださった株式会社ヨベルの安田正人社長に深謝します。

和紙ちぎり絵作家の森住ゆきさんは、前著『聖霊の上昇気流 ―― 神は見捨てなかった』（ヨベル）に続き、本書の草稿を読んで表紙絵を作成してくださいました。本書の内容から特別な作品を生み出してくださったことを感謝します。

最後に、いつも礼拝の説教のために祈ってくれている妻あずささんに感謝します。

2023年5月

岩本遠億

岩本遠億（いわもと・えのく）

1959 年名古屋生まれ。東京学芸大学、国際基督教大学大学院を経て、オーストラリア国立大学博士課程修了。言語学博士。神田外語大学大学院言語科学研究科教授。キリストの平和教会牧師。1988 年～ 1989 年、1990 年パプア・ニューギニア伝道。2001 年イエス・キリスト教会（単立）の牧師に任職される。2003 年 11 月ミッション・エイド・フェローシップ聖書教師。2006 年 8 月「キリストの平和教会」を立ち上げる。

著書：『聖霊の上昇気流　神は見捨てなかった』（2022 年）『366 日元気が出る聖書のことば　あなたはひとりではない』（2020 年、2023[6] 年、以上ヨベル）、『元気の出る聖書のことば　神さまの宝もの』（2009 年）、『元気の出る聖書のことば　神さまは見捨てない』（2010 年、以上いのちのことば社）、『Linguistics: In Search of the Human Mind』［編］（開拓社、1999 年）、『事象アスペクト論』（開拓社、2008 年）他。

e-mail：enoch.iwamoto@gmail.com

ヨベル新書 089

神はあなたの真の願いに答える —— ルカの福音書説教集 1

2023 年 7 月 25 日 初版発行

著　者 —— 岩本遠億

発行者 —— 安田正人

発行所 —— 株式会社ヨベル　YOBEL, Inc.

〒 113-0033 東京都文京区本郷 4-1-1-5F

TEL03-3818-4851　FAX03-3818-4858

e-mail：info@yobel. co. jp

印刷 —— 中央精版印刷株式会社

装幀 —— ロゴスデザイン：長尾 優

配給元—日本キリスト教書販売株式会社（日キ販）

〒 162 - 0814　東京都新宿区新小川町 9 -1　Tel 03-3260-5670

© 岩本遠億 2023 Printed in Japan ISBN978-4-909871-92-3 C0216

聖書 新改訳 2017©2017 新日本聖書刊行会 許諾番号 4-2-862 号

［書評再録：本のひろば２０２３年２月号］

盆栽ではなく、大木

岩本遠億『聖霊の上昇気流――神は見捨てなかった』
（四六判上製・二六四頁・一九八〇円・ヨベル）

評者：藤本 満

著者は、オーストラリア国立大学で言語学博士論文のためにパプア・ニューギニアでの研究の傍ら、福音を伝えた宣教師であった。現在は神田外語大学大学院で言語学の教授、単立「キリストの平和教会」の牧師である。多彩な活動、柔軟な理解、真実な体験、喜びと祈りと感謝の人のゆえに『３６６日元気が出る聖書のことば――あなたはひとりではない』（ヨベル、２０２０年初版、２０２３年６版）は、広く用いられている。

本書は著者の自伝であるが、現代キリスト教会に最も必要とされる使信――十字架に現された神の愛、聖霊による生けるキリストの現実的体験――を紐解いている。本書に、青年時代の著者を誤った方向へと導こうとした人物に、著者の母親が宛てた手紙の一文が記されている。「私たちは、子どもを大木になるように育てて来ました。盆栽にしようとはしないでください」（94頁）。まさにそのように大海原にこぎ出そうと、小舟を砂浜から波際に押し出している少年が、本書の扉をカラーで飾っているのが印象的である（和紙ちぎり絵作家・森住ゆきさん）。

本書を読み終えて、旧約聖書のヤコブの言葉を思い起こした。「今日のこの日まで、ずっと私の羊飼いであられた神」（四八15）。ヤコブは、神が父イサク・祖父アブラハムの神であったことを添えている。神は著者の生涯のあらゆる場面で共におられ、助けを送ってくださった。その神が祖父とともに、両親と共におられたことから本書は始まる。祖父（義理）は、原爆で焦土となった長崎で神の声を聞いた。「恐れるな！進め！汝を助くる者多し」。そこから長崎製鉄所を復興した。神のこの声は、著者の家系に響いている。『366日元気が出る聖書のことば』の副題は、「**あなたはひとりではない**」である。そして本書の副題は、「**神は見捨てなかった**」である。いや、それればかりか、神は折りにかなって「助ける者」を送りつづけてくださった証しである。

東京学芸大学・国際基督教大学大学院で言語学に魅了され、オーストラリア国立大学で博士論文を書くためにニューギニアの奥地で研究、帰国しての長老教会での教会生活、お茶の水でのミッション・エイド・クリスチャン・フェローシップでの働き、キリストの平和教会の開拓と、著者を助ける者がいつも神のもとより送られてくる。そして、最大の助け手は、大学時代に出会い、後の伴侶者となる横山あずささんであった（105頁）。

本書を通して理解できる、著者の生涯的な強調である「十字架・生けるキリスト・聖霊体験・祈り」が手島郁郎から来ていることが。著者「遠億（エノク）」は手島の命名による。手島没後、一家は「原始福音・神の幕屋」の変容を批判して離れる。しかし、手島が病者に神の愛を届けたように、また著者が少年時代にモロカイ島のハンセン病施設に生涯を捧げたダミエン神父にあこがれたように、著者のニューギニアでの研究の月日は、マラリアに冒された村民のためにも注がれた。神の愛を伝え、自分が所持していたマラリアの予防薬・治療薬クロロキンを与えているうちに、もってきた薬の瓶が空になってしまう。そこにまた、神は助け手を送ってくださる。まことにスリル満点に描かれている。

（ふじもと・みつる＝インマヌエル高津教会牧師）

ヨベルの既刊書（税込）

神田外語大学大学院教授
岩本遠億

聖霊の上昇気流――神は見捨てなかった

これは事実の物語　私がこれから書き記すのは、神学や思想ではありません。事実です。人の失敗とそれに介入なさった神の事実だけを書き記します。事実だけが、イエス・キリストが今も生き、働いている神であることを明らかにするからです。

四六判上製・二六四頁・一九八〇円

神田外語大学大学院教授
岩本遠億

３６６日元気が出る聖書のことば
あなたはひとりではない

わたしは、あなたに約束したことを成し遂げるまで、決してあなたを捨てない。（聖書）
聖書を通して神（創造主）が語りかける励ましと慰め、そして戒め。季節の移り変わりや日常の出来事に寄せ、また自己の中にある分裂をも見据えながら、やさしい日本語で書き綴るたましいのことば。聖書メールマガジンの中で18年間にわたり国内、で屈指の読者数を獲得してきた著者が数千のメッセージを改訂し３６６日分を厳選。言語学者ならではの書き下ろしのコラムも配置しました。

６版出来！　Ａ５判変型上製・三四四頁・一九八〇円

info@yobel.co.jp　FAX03(3818)4858　http://www.yobel.co.jp/